AF339822

# FRAIS DE MÉNAGE

Livre destiné à servir de guide aux Ménagères, aux Mères de Famille
et aux Personnes chargées de l'éducation des Demoiselles

PAR

## L. E. CH. BAUDOT

Professeur de Comptabilité au Lycée Impérial de Troyes

TROYES

IMPRIMERIE, LITHOGRAPHIE, AUTOGRAPHIE & GRAVURE SUR PIERRE DE DUFOUR-BOUQUOT
Rue Notre-Dame, 43 & 41

# FRAIS DE MÉNAGE

## PREMIÈRES LEÇONS DE COMPTABILITÉ

### DESTINÉES AUX DEMOISELLES

PAR

## L. E. Ch. BAUDOT

PROFESSEUR DE COMPTABILITÉ AU LYCÉE IMPÉRIAL DE TROYES

# INTRODUCTION

Initier les jeunes demoiselles au classement des dépenses du ménage, c'est leur faire contracter des habitudes d'ordre dont l'économie domestique devra profiter ;

Les entretenir des besoins de chaque jour, leur faire apprécier les frais que ces besoins occasionnent, leur apprendre à les classer, à les comparer et à les restreindre dans des limites relatives à chaque position, c'est leur fournir les moyens de combattre cette gêne que le désordre et l'ignorance sèment dans trop de familles ;

Les exercer journellement à se familiariser avec des écritures qui leur seront nécessaires à toutes, c'est leur rendre facile une occupation généralement trop négligée, et leur apprendre à employer, de la manière la plus utile, le temps que les soins du ménage laisseront toujours à leur disposition ;

C'est les préparer à l'étude solide d'une comptabilité plus importante, et les disposer au commerce ;

C'est leur permettre, enfin, d'arrêter, sans efforts et sans privations, l'accroissement de ce luxe et de ces folles dépenses qui causent tant de ruines.

Or, cet ordre nécessaire, base infaillible de toute économie, ne peut être que le résultat d'une comptabilité bien comprise.

Telle est notre opinion, tel est le mobile qui nous a fait publier ce petit travail, fruit d'une étude de plusieurs années.

Les résultats obtenus par les personnes qui, sur notre avis, ont enseigné aux jeunes demoiselles la comptabilité commerciale précédée du classement des dépenses du ménage, ont été tellement satisfaisants, que nous croirions manquer à notre devoir, en ne communiquant pas aux mères de famille et aux maîtresses de pension, ces moyens élémentaires qui ne sont rien par eux-mêmes, et dont les effets sont toujours profitables.

Étudier la comptabilité, c'est apprendre à compter avec soi-même, c'est éviter de se voir, tôt ou tard, obligé de compter avec autrui ;

Et si cette science, si utile à tous, n'a pas encore rendu les services que l'on doit en attendre, ne serait-ce pas parce que l'enseignement de ses principes est trop souvent accompagné d'exemples puisés dans des opérations commerciales au-dessus de la portée des jeunes intelligences ?

C'est dans l'espoir de rendre cet enseignement plus fructueux, que nous conseillons de le distribuer sous la forme d'exercices que la jeunesse comprendra facilement.

Nous avons adopté, pour ce travail, le titre de *Frais de Ménage*, afin de renfermer nos écritures dans les limites intellectuelles des jeunes demoiselles, et de faire comprendre à nos lectrices le but économique que nous désirons atteindre, et aux personnes chargées de l'éducation de la jeunesse, que nos exercices ne forment que le premier pas, l'introduction à l'étude de la comptabilité.

# FRAIS DE MÉNAGE

## PLAN & DIVISION

Les livres que nous avons vus, sous les titres de *Frais de Maison — Comptabilité du Ménage*, etc., ne traitent que des dépenses soldées ; leurs auteurs semblent oublier complètement le chapitre des *Dettes*, le plus important de tous, celui sans lequel aucune situation ne peut être connue ;

Ils contiennent généralement un trop grand nombre de colonnes d'une importance insignifiante, et occasionnent de longues séries d'additions dont l'exactitude ne peut être facilement contrôlée ;

Ils ne permettent pas, malgré leurs subdivisions multipliées, d'établir, sans un long travail préparatoire, l'état de la caisse des personnes qui les utilisent.

Pour parer à ces inconvénients, et faciliter aux ménagères l'emploi d'un livre reconnu indispensable, nous avons cru devoir restreindre notre division au classement des frais dont la nature mérite une distinction ; et pour leur permettre d'arrêter à volonté l'état de leur caisse, sans s'occuper préalablement de l'addition des divers chapitres de dépenses, nous avons séparé la colonne des *Recettes* de celle des payements, et avons groupé, dans cette dernière, tous les versements effectués ; et enfin, pour rendre notre travail plus utile et plus complet, nous avons ajouté, à ce qui s'est publié jusqu'alors, deux colonnes spéciales destinées à faire connaître la situation résultant des acquisitions à crédit.

Par cette nouvelle distribution, nous obtenons des renseignements certains sur l'importance des sommes mises à la disposition du ménage, sur les dépenses faites, tant au comptant qu'à crédit, sur la situation de la caisse et sur le chiffre réel des dettes contractées.

Tous ces renseignements se contrôlent mutuellement, par l'emploi de moyens simples qui ne permettent à aucune erreur d'addition de passer inaperçue.

Pour faciliter la découverte des omissions, nous conservons, en regard de chaque chiffre, l'explication de la cause de nos écritures.

Notre volume comprend trois livres distincts : le Journal-Caisse, le Grand-Livre et le Répertoire.

### 1°. Du Journal-Caisse.

Le Journal-Caisse, le plus important de nos trois livres, doit contenir, par ordre de dates, l'inscription détaillée de toutes les recettes, de tous les payements, de toutes les dépenses, et le classement de ces dernières, par ordre de nature ;

Il se divise lui-même en trois parties :

La Caisse, la Dépense et la Situation extérieure (les Dettes).

La Caisse comprend les Recettes et les Payements ;

La Dépense comprend sept colonnes de classement destinées à recevoir, par nature, toutes les dépenses faites au comptant et à crédit ;

La Situation extérieure comprend les acquisitions à crédit, et les payements effectués sur le montant de ces acquisitions.

### 2°. Du Grand-Livre.

Le Grand-Livre est destiné à contenir un compte particulier à chacune des personnes auxquelles on fait des achats à crédit, et à chacun des membres de la famille.

### 3°. Du Répertoire.

Le Répertoire est une liste alphabétique devant contenir, par ordre d'initiales, le titre de tous les comptes du Grand-Livre, et le folio sur lequel chacun de ces comptes se trouve placé.

### BUT ET EMPLOI DU JOURNAL-CAISSE.

Le but du Journal-Caisse est de faire constamment connaître :

1° L'importance des sommes mises à la disposition du ménage, depuis une époque déterminée, qui est généralement le premier janvier de chaque année (toute autre époque peut être prise pour point de départ) ;

2° Le montant des Payements effectués dans le même délai (d'où découle naturellement la connaissance de la somme restant en caisse) ;

3° L'attribution, par chapitres de nature différente, des dépenses payées et non payées, faites dans le même laps de temps ;

4° Le montant des frais faits, résultant de la réunion des divers chapitres de dépenses ;

5° La somme totale restant à payer, sur le prix des objets achetés à crédit.

La colonne intitulée *Recettes*, doit contenir toutes les sommes qui entrent, en espèces, dans la caisse du ménage ; leur inscription doit être suivie d'un libellé indiquant leur origine ;

Celle intitulée *Total des Payements*, doit recevoir à la suite des explications nécessaires, toutes les sommes versées, pour quelque cause que ce soit ;

Les sept colonnes de *Dépenses*, portant chacune l'indication de son emploi, doivent recevoir les chiffres relatifs à la nature de frais indiquée par leur titre ;

Les deux colonnes de droite, relatives à la situation extérieure, doivent recevoir : la première, le montant de tous les objets achetés à crédit, et la seconde, les sommes versées sur le prix de ces objets.

Avant de passer aucune écriture, il est bon de se pénétrer de l'importance de chacune des colonnes destinées à recevoir le classement des dépenses.

Malgré la restriction que nous avons apportée dans le nombre de nos subdivisions, quelques personnes trouveront probablement notre cadre encore trop compliqué ; nous aurions pu, il est vrai, supprimer une ou deux colonnes et les réunir à celles qui se rapprochent le plus de leur nature ; mais cette minime simplification n'eût pas compensé le défaut des renseignements que leur séparation peut nous procurer.

Comment une économie peut-elle être considérée comme réalisable, si à l'avance on ne sait sur quel chapitre elle doit porter ? Quel renseignement possède la personne qui connaît le chiffre total de ses dépenses et qui en ignore les causes ?

Nous avons cru, pour éviter toute confusion et obtenir des renseignements utiles, devoir diviser la dépense ordinaire du ménage en six chapitres :

1° La nourriture,
2° Les frais généraux considérés comme obligatoires,
3° L'augmentation et l'entretien du mobilier à usage commun.
4° Les gages des serviteurs,
5° Les frais divers, facultatifs et imprévus,
6° Enfin, les dépenses personnelles des membres de la famille, et les frais de leur entretien particulier.

### CHAP. 1er. — Nourriture.

Cette colonne doit comprendre le prix de tous les objets de consommation servant à l'alimentation de la famille : le pain, la viande, le poisson, le fromage, le laitage, les fruits, les légumes, le vin, le café, les liqueurs, etc.; le sel, le poivre, les épices, le beurre, les œufs, l'huile, etc. On peut y ajouter la braise et le charbon employés à la cuisson des aliments, etc.

### CHAP. 2. — Frais considérés comme obligatoires.

Ce chapitre ayant pour titre : chauffage, éclairage, loyer, impôts, abonnements, assurances, etc., devra comprendre le combustible destiné au chauffage et à l'éclairage des appartements : le bois, le charbon, le gaz, la bougie, la chandelle, l'huile à brûler, etc.; le loyer, l'impôt personnel, mobilier et des portes et fenêtres; les primes d'assurances mobilières, d'abonnements aux places d'église, aux eaux, aux casernes de passage, aux journaux lus par toute la famille, et dont la présence ne peut être considérée comme un luxe ou une fantaisie, etc.

### CHAP. 3. — Mobilier à usage commun.

Ce chapitre est représenté par deux colonnes; la première doit comprendre le prix des meubles et des objets mobiliers venant augmenter le nombre de ceux que l'on possède.

La seconde comprendra le prix d'acquisition et de confection de tous les objets destinés à en remplacer d'autres; tels que le retour payé ou à payer, pour échange de meubles, le prix du linge destiné à remplacer celui qui s'use, se perd et se détruit par l'usage, etc.; et enfin, les dépenses proprement dites d'entretien : réparations, rappropriations, blanchissage, nettoyage, raccommodage, etc.

Nous aurions pu réunir ces deux colonnes en une seule; mais cette réunion nous eût empêché de reconnaître l'accroissement progressif de la valeur de notre mobilier, et les frais de son entretien doivent être considérés comme une compensation à son usure.

### CHAP. 4. — Gages des serviteurs.

Ce chapitre, considéré comme un impôt plus ou moins obligatoire, aurait pu être réuni, dans certains cas, au second, et dans d'autres cas, au cinquième; mais après un certain temps, il eût été difficile de reconnaître, sans trop de recherches, le chiffre total des sommes dépensées pour le payement des personnes attachées au service de la maison;

L'absence de cette colonne spéciale aurait nécessité, dans beaucoup de circonstances, l'ouverture, au Grand-Livre, de comptes particuliers qu'il convient toujours de ne pas employer, et n'aurait pas permis de faire ressortir d'une manière assez frappante, une nature de dépense qui n'est pas obligatoire pour tous et dont beaucoup abusent.

### CHAP. 5. — Frais facultatifs et imprévus.

Ce chapitre comprend une série de frais qui ne peuvent être, sans préjudice pour l'économie, confondus avec les dépenses obligatoires;

Il doit contenir les frais divers dont le chiffre est inappréciable à l'avance; tels que les menus-plaisirs connus, les frais de voyages, de théâtre, de réunions, de soirées, les abonnements à des publications de fantaisie ou de luxe, les dons, les cadeaux, les aumônes, les gratifications, les étrennes, etc.

### CHAP. 6. — Dépenses des membres de la famille.

Ce chapitre est un de ceux sur lesquels l'attention doit le plus s'arrêter; il comprend : l'argent de poche prélevé sur la caisse du ménage, par les membres de la famille, pour leurs besoins particuliers ou leurs dépenses personnelles; et tous les frais occasionnés par chacun d'eux : éducation, instruction, soins, médicaments, habillement, entretien, etc.; cotisations et souscriptions aux sociétés particulières, aux confréries, primes d'assurances individuelles, etc.

Nous prévoyons, sur l'emploi de ce chapitre, l'opposition d'un certain nombre de personnes qui croiraient leur liberté engagée, en inscrivant ou faisant inscrire les sommes qu'elles prélèvent pour leurs menus-plaisirs; c'est là une erreur dont il faut les dissuader; si ces prélèvements ne sont pas écrits, leur montant fait défaut dans la caisse, et par cela seul ils sont connus; l'absence de leur inscription ne peut avoir pour effet que d'empêcher la découverte d'une omission dont le chiffre vient s'ajouter à celui desdits prélèvements, et les fait croire plus forts qu'ils ne le sont en réalité.

Du reste, la dissimulation est un défaut grave contre lequel il est nécessaire de lutter; elle a généralement la réciprocité pour conséquence, et loin de conduire à l'économie, elle entraîne vers l'agrandissement des frais, elle engendre la discorde intérieure qu'il convient toujours d'éviter.

Les prélèvements faits par le chef de la famille, pour ses dépenses personnelles, ses frais de voyages, etc., ne figurent sur ce journal que lorsqu'il n'existe pas d'autre caisse que celle du ménage; si ce chef a quelques ressources, en dehors de ses fonctions ou de ses travaux, s'il gère une fortune, si minime soit-elle, il a des livres spéciaux sur lesquels sont inscrites toutes les affaires relatives à sa gestion. C'est lui qui fournit au ménage les fonds nécessaires pour la dépense intérieure; dans ce cas, le livre des frais de ménage ne doit pas contenir des prélèvements faits sur une autre caisse que la sienne.

---

### MANIÈRE D'OPÉRER SUR LE JOURNAL-CAISSE.

Nous conseillons aux personnes chargées de l'enseignement, et aux ménagères qui voudront adopter notre méthode, de faire précéder l'ouverture de leurs écritures, d'un inventaire contenant, outre la somme qui existe en caisse, l'état estimatif et détaillé de tous leurs objets mobiliers, et des dettes qu'elles ont à payer; cet inventaire sera fictif pour l'enseignement, mais il sera réel pour les ménages; il devra être transcrit en entier sur un petit livre spécial. — Nous en donnons un modèle plus loin.

Le Journal-Caisse s'ouvre, par l'inscription, dans la colonne des *Recettes*, de la somme qui existe en caisse au moment où l'on veut commencer ses écritures, et par l'indication, dans la colonne réservée au libellé, du montant de la dette à éteindre à cet instant.

A la suite de cette ouverture, toutes les opérations s'inscrivent indistinctement, sans autre ordre que celui de leur date, et les chiffres qui en représentent le montant, se portent dans les colonnes de classement qui leur sont destinées.

Chaque inscription comprend sa date, sa cause et son chiffre. La date se pose dans la première colonne de gauche, la cause dans le large espace compris entre les recettes et les payements, et le chiffre dans deux colonnes distinctes, à l'exception des recettes qui ne doivent figurer que dans leur colonne particulière.

Puis, chaque écriture dont le chiffre fait partie de la situation extérieure ou des dépenses personnelles des membres de la famille, se reporte au Grand-Livre, sur le compte auquel elle appartient.

Lorsqu'une dépense est soldée comptant, son chiffre figure dans le total des payements et dans la colonne relative à sa nature; si elle n'est pas soldée immédiatement, son chiffre doit figurer dans la colonne spéciale à sa nature, et dans celle des objets achetés à crédit.

Si un versement n'est pas relatif à une dépense de l'instant, s'il s'applique à l'extinction de tout ou partie d'une dette, son chiffre doit figurer au total des payements et dans la dernière colonne de droite; intitulée Payments sur objets achetés à crédit.

De cette manière d'opérer, il résulte que tous les chiffres représentant les payements et les dépenses figurent dans deux colonnes distinctes, ce qui établit un moyen de contrôle et forme le cachet le plus naturel de la tenue des livres en partie double.

Pour faciliter l'intelligence des écritures et éviter de surcharger la mémoire de termes spéciaux dont l'emploi ne vient nullement en aide au jugement, nous conseillons d'admettre le langage ordinaire, dans la forme à donner à la rédaction de chaque article.

Apprendre aux élèves à écrire le langage qu'ils parlent, c'est leur enseigner à toujours comprendre ce qu'ils auront écrit.

Selon notre avis, la comptabilité consiste dans l'ordre et le classement des écritures, et non dans les mots techniques qui peuvent les représenter.

Pour faciliter les additions et éviter de reporter, pendant toute l'année, les totaux des diverses colonnes du Journal-Caisse, tous les mois s'ouvrent comme le premier : par l'inscription dans la colonne des recettes, de la somme qui existe en caisse, et par l'indication, dans l'espace réservé au libellé du montant de la dette qui reste à payer à la fin du mois précédent.

À la fin de chaque mois, on ajoute :

1° Au total mensuel de chacune des colonnes de la caisse, le total des payements des mois précédents ;

2° Au total mensuel de chacune des colonnes des dépenses, les totaux correspondants des mois précédents réunis ;

3° Et enfin, au total mensuel des achats à crédit, la dette qui existait à la fin du dernier mois.

Puis on établit la balance de la caisse et celle de la dette pour servir d'ouverture au mois suivant.

(Voir plus loin comment ces balances s'établissent.)

En opérant ainsi, on obtient, à la fin de chaque mois, non-seulement les recettes, les payements et les dépenses du dernier mois écoulé, mais encore la recette et la dépense totale, depuis le commencement de l'année, la situation de la caisse et la dette résultant des écritures.

On pourrait ajouter, aux deux colonnes de la situation extérieure, les totaux des mois précédents ; mais le chiffre que l'on obtiendrait ainsi ne serait d'aucune utilité.

Au lieu d'ajouter aux totaux mensuels ceux des mois précédents, comme il est indiqué ci-dessus, on pourrait clore chaque mois, et reporter ces totaux, les uns sous les autres, sous forme de récapitulation, soit sur la dernière page du Journal-Caisse, soit ailleurs, afin de les avoir tous séparément et réunis dans le même endroit, pour les comparer d'un seul coup d'œil.

Comme, aussi, pour éviter tout report, on pourrait faire ses balances au bas de chaque page, et n'ouvrir la page suivante que par l'inscription du reliquat de la caisse et l'indication de la dette.

Ces différents moyens, et tant d'autres que nous pourrions citer, conduisent au même résultat ; nous ne les indiquons que pour laisser à chacun le choix de celui qu'il croira devoir employer.

## VÉRIFICATION DES ÉCRITURES DU JOURNAL-CAISSE.

### 1° En ce qui concerne la Caisse.

Pour faire sa caisse, c'est-à-dire, pour reconnaître si la somme qui reste disponible est exacte par rapport aux écritures, il faut totaliser les recettes et les payements dans leur colonne spéciale, au-dessous de la dernière ligne écrite, puis, retrancher le total des payements de celui des recettes ; la différence, ainsi obtenue, doit égaler (sauf erreur ou omission) ce qui reste en caisse ;

Or, l'erreur ou l'omission est d'autant plus facile à découvrir, que l'on fait sa caisse plus souvent. — L'expérience conseille de la faire au moins une fois par semaine.

Si cette différence est trop faible, l'excédant de caisse que l'on trouve provient : ou d'une somme reçue et non inscrite ou inscrite pour un chiffre trop faible ; ou d'un payement inscrit pour un chiffre plus fort que la somme versée ; ou de ce qu'une dépense non soldée figure, par erreur, dans la colonne des payements ; ou enfin, de quelque erreur d'addition commise dans l'une des colonnes des Recettes et des Payements, ou dans le détail des versements de chaque jour.

Si elle est trop forte, les causes du déficit qu'elle indique sont inverses de celles qui précèdent ; c'est-à-dire que ce déficit provient de l'inscription d'une somme non reçue ou dont la recette est inférieure au chiffre porté ; ou d'un payement effectué, non inscrit ou inscrit pour un chiffre trop faible, etc. ; ou enfin d'une erreur d'addition.

Le reliquat, reconnu exact, s'inscrit sur la ligne des totaux, dans l'espace réservé au libellé.

Il est inutile, pour faire sa caisse, d'attendre la fin de chaque page ; la totalisation des recettes et des payements, dans le cours d'une page, facilite l'addition générale, en la fractionnant.

### 2° En ce qui concerne la dépense.

Les sept colonnes de classement comprenant, sans exception, les dépenses soldées comptant et celles faites à crédit, leur réunion doit égaler le total des payements augmenté des achats à crédit, et diminué des versements effectués sur ces derniers.

Ou, plus simplement, le total des dépenses joint à celui des versements faits sur les achats à crédit, doit toujours égaler le total des payements augmenté du montant des objets achetés à crédit.

Avant de procéder à cette vérification, il faut s'assurer de l'exactitude de la caisse. Une fois la caisse reconnue exacte, si les opérations sus-indiquées ne donnent pas un résultat satisfaisant, il faut rechercher la cause de l'erreur, dans les chiffres de répartition des diverses colonnes, et dans les additions.

### 3° En ce qui concerne la situation extérieure.

La Caisse étant exacte, si les achats à crédit réunis aux payements forment une somme égale à la réunion des dépenses et des versements effectués sur les achats à crédit, les totaux des deux colonnes de la situation extérieure sont exacts.

Pour connaître cette situation, on ajoute au total des achats à crédit la dette qui existait au commencement du mois, puis on retranche de cette réunion le total des payements faits sur les achats à crédit ; la différence que l'on obtient représente la dette de l'instant.

## BUT ET EMPLOI DU GRAND-LIVRE.

Le but du Grand-Livre est de faire connaître, séparément, les personnes à qui l'on doit, et ce que l'on doit à chacune d'elles, et de renseigner sur le chiffre des dépenses particulières, faites ou occasionnées par chacun des membres de la famille, en dehors des frais qui profitent à tous.

Chaque compte du Grand-Livre doit avoir pour titre le nom et l'adresse de la personne à laquelle il est destiné.

Lorsqu'on contracte une dette, son chiffre doit figurer à l'*Avoir* du compte qui porte le nom de la personne envers laquelle cette dette est contractée ; c'est ce que l'on nomme *Créditer ce compte ou cette personne*.

Lorsqu'on paye une dette, soit en totalité, soit en partie, la somme versée se reporte au *Doit* du compte de la personne qui la reçoit. C'est ce que l'on nomme *Débiter ce compte ou cette personne*.

## RÈGLE À SUIVRE :

La personne qui reçoit *doit* ; et il *est dû* à celle qui *fournit*.

D'où il suit qu'il faut *débiter* le compte qui reçoit, et *créditer* celui qui *fournit*.

Pour simplifier les écritures et éviter de porter sur les comptes du Grand-Livre les opérations soldées comptant, on est convenu de se baser sur le principe suivant :

Quelqu'un *Reçoit*, lorsqu'il ne remet pas immédiatement la valeur de ce qu'on lui donne, et il *fournit*, lorsqu'on ne lui délivre pas immédiatement une valeur équivalente à ce que l'on reçoit de lui.

Quand l'un paye ce que l'autre lui livre, il y a échange immédiat, ni l'un ni l'autre ne reçoit ni ne fournit.

Le mot *Doit* est le signe caractéristique du *Débit* et le mot *Avoir*, celui du *Crédit* ; la colonne surmontée du mot *Doit* est donc destinée à contenir tout ce qu'un compte reçoit, et celle surmontée du mot *Avoir*, tout ce qu'il donne ou fournit.

La différence qui existe entre les totaux de ces deux colonnes indique, par rapport aux écritures, la situation du compte.

Cette différence se nomme *Balance*.

Lorsque le total du *Doit* est plus fort que celui de l'*Avoir*, la personne dont le compte nous occupe, a reçu de nous plus qu'elle ne nous a donné, elle nous redoit la différence ; la balance de son compte est débitrice ; lorsque le total de l'*Avoir* est plus fort que celui du *Doit*, elle nous a plus fourni qu'elle n'a reçu de nous, nous lui redevons la différence ; la balance de son compte est créancière.

Si les totaux du *Doit* et de l'*Avoir* sont égaux, le compte est soldé.

Quant aux comptes personnels aux membres de la famille, puisqu'aucun de ces membres n'est tenu au rapport des frais faits ou occasionnés par lui, les mots *Doit* et *Avoir*, inscrits sur toutes les pages du Grand-Livre, doivent être considérés comme n'existant pas, par rapport à eux.

Ce ne sont, du reste, que des comptes entièrement facultatifs, mais dont toute personne d'ordre désire connaître le résultat.

Chaque somme dépensée ou prélevée se porte séparément dans la première colonne, et la réunion des dépenses et des prélèvements du même mois se totalise dans la seconde.

En opérant ainsi, on est renseigné :

1° Sur le chiffre de chaque dépense séparée ;

2° Sur la dépense mensuelle ;

3° Et enfin, sur la dépense totale relative à chaque personne.

------

## MANIÈRE D'OPÉRER SUR LE GRAND-LIVRE.

Pour éviter l'ouverture de plusieurs comptes à la même personne, on commence par inscrire au Répertoire le titre de chaque compte à établir, et le folio du Grand-Livre où il doit être placé.

Le folio inscrit au Répertoire se pose immédiatement dans la colonne qui lui est réservée, sur le Journal-Caisse, en regard du chiffre à reporter ; puis on écrit, sur la page indiquée du Grand-Livre, le titre que doit avoir le compte dont on s'occupe ; on rédige ensuite, sur ce compte, l'article qui s'y rapporte, en le libellant conformément à l'écriture du Journal.

Le libellé de chaque article doit être précédé de la date qu'il porte au Journal-Caisse, et suivi de son chiffre, dans la colonne qui lui est destinée.

La date de chaque article, sa rédaction et son chiffre doivent être placés sur la même ligne du Grand-Livre.

La colonne *Doit* du Grand-Livre ne doit contenir que les chiffres qui figurent au Journal-Caisse, dans la colonne intitulée *Payements sur objets achetés à crédit*; et celle *Avoir* ne doit contenir que les chiffres du Journal-Caisse inscrits dans le *Montant des objets achetés à crédit*;

Comme, aussi, la première colonnes des comptes personnels aux membres de la famille ne doit recevoir que les chiffres qui figurent dans leur colonne spéciale du Journal-Caisse.

D'où il suit que le Grand-Livre ne doit être que l'extrait du Journal ; — c'est le classement, par comptes séparés, de tous les chiffres qui figurent dans les trois dernières colonnes du Journal-Caisse.

Le report des articles devant faire partie du Grand-Livre, peut avoir lieu immédiatement, c'est-à-dire, aussitôt leur écriture passée au Journal, comme il peut ne se faire que plus tard ;

Pour habituer les jeunes personnes à ne pas laisser trop de retard dans les écritures de leur Grand-Livre, nous conseillons de leur en faire effectuer le report à la fin de chaque journée ; en opérant ainsi, elles pourront toujours répondre aux questions qui leur seront posées sur la situation particulière de chaque compte.

En terminant le report de chaque article, on doit souligner à l'encre le folio du Grand-Livre inscrit au Journal, et remarquer si l'on ne s'est pas trompé de compte ou de colonne, et si la somme que l'on vient d'écrire au Grand-Livre est bien la même que celle du Journal ; on contrôle ainsi, séparément et immédiatement, l'exactitude des chiffres du Grand-Livre ; ce qui évite pour plus tard la recherche d'erreurs qui s'y glisseraient plus facilement si ce contrôle n'avait pas lieu.

En cas d'interruption dans le report des écritures, le dernier folio souligné indique le dernier article reporté ; ce petit trait, insignifiant par lui-même, peut éviter des omissions.

Lorsque les totaux du *Doit* et de l'*Avoir* d'un compte sont égaux, il faut les souligner d'un double trait à l'encre, pour indiquer que ce compte est soldé. — Sous ce double trait, on inscrit les nouveaux articles relatifs à ce même compte, sans toucher à son titre, qui reste le même.



## VÉRIFICATION DES ÉCRITURES DU GRAND-LIVRE.

1° En ce qui concerne les comptes des personnes auxquelles on fait des acquisitions à crédit :

Pour que cette partie du Grand-Livre puisse être considérée comme exacte, il faut que la réunion de la balance de tous ces comptes forme une somme égale à la dette inscrite au Journal-Caisse.

On pourrait dire aussi, que toutes les sommes portées au *Doit* et à l'*Avoir* des comptes du Grand-Livre doivent former deux totaux égaux, chacun à leur colonne correspondante du Journal-Caisse ; mais, pour cela, il faudrait ne pas balancer la dette à la fin de chaque mois, et ne pas clore les comptes soldés ; ce qui ne serait d'aucune utilité, et nuirait à la célérité des vérifications.

2° En ce qui concerne les comptes personnels aux membres de la famille :

Pour que ces comptes soient considérés comme exacts, il faut que leurs totaux réunis forment une somme égale à celle de la septième colonne des dépenses.

En cas d'inexactitude, avant de recourir au pointage des articles du Journal, il est bon de vérifier les additions du Grand-Livre. — Cette vérification est d'autant plus facile, pour les comptes personnels des membres de la famille, que leurs deux colonnes doivent toujours produire deux totaux égaux.

------

## BUT DU RÉPERTOIRE.

Le Répertoire a pour but de faciliter la recherche des comptes du Grand-Livre, et d'éviter d'en ouvrir plusieurs à la même personne.

Voir ce que nous avons dit sur la manière d'opérer au Grand-Livre, en ce qui concerne le Répertoire.

## Mois de Janvier 1865.

| Date | Recettes | Désignation | Total des Dépenses | Nourriture | Chauffage, Éclairage, Loyer, impôts, Assurances &c | Vêtements — Augmentation | Vêtements — Entretien | Gages des Serviteurs | Frais divers, Menus plaisirs, Voyages, Gratifications, Étrennes &c | Dépenses personnelles et entretien des membres de la famille | F° du Livre | Montant des objets achetés à crédit | Payements sur objets achetés à crédit |
|---|---|---|---|---|---|---|---|---|---|---|---|---|---|
| 1 | 185 75 | Somme restant en Caisse — Odette  167 50 | | | | | | | | | | | |
| | | Jouets pour Paul, 2.95 — Étrennes données au facteur 2 .. | 4 95 | | | | | | 4 95 | | | | |
| | | Viande de boucherie, 1.35 — Légumes, 0.25 — Sel, 0.10 | 1 70 | 1 70 | | | | | | | | | |
| | | 5 places de théâtre, 7.50 — Rafraîchissements, 0.90 | 8 40 | | | | | | 8 40 | | | | |
| 2 | | Reçu de Mr Joffroy, 1 pièce de vin, payable fin Mars | | 55 00 | | | | | | | 2 | 55 00 | |
| | | Octroi, congé en entrée du vin de M. Joffroy | 14 50 | 14 50 | | | | | | | | | |
| 3 | | Prime d'assurance mobilière, payée à M. Eger | 18 25 | | 18 25 | | | | | | | | |
| 4 | | Fauteuil payé à Bellos ainé. 65. — Viande et légumes 2.45 | 67 45 | 2 45 | | 65 00 | | | | | | | |
| 5 | 100 00 | Intérêts reçus de M. Auguste | | | | | | | | | | | |
| | | Blanchissage et raccommodage (Note de Madelle Marie) | 12 85 | | | | 12 85 | | | | | | |
| | | Avancé à Augustine, la bonne, sur son gage du mois | 12 00 | | | | | 12 00 | | | | | |
| 8 | | Viande de boucherie. 2.20 — Boulanger, 1.75 — Poisson, 2.40 — Poivre, 0.10 | 6 45 | 6 45 | | | | | | | | | |
| 10 | | Prime d'abonnement à la Caserne de passage | 8 00 | | 8 00 | | | | | | | | |
| | 225 75 | Reste en Caisse  71.20 | 154 55 | | | | | | | | | | |
| 12 | | Prélèvement de Mr pour ses dépenses particulières | 30 00 | | | | | | | 30 00 | 6 | | |
| 13 | | Reçu de Mr Oudin, 7... de Rejos à 3.25 donnés à Augustine (Étrennes) | | | | | | | 22 75 | | 2 | 22 75 | |
| | | Payé à Mr Dronon, sa facture du 15 Xbre 1864 | 86 75 | | | | | | | | 1 | | 36 75 |
| 14 | 800 00 | Somme reçue de la Caisse Commerciale | | | | | | | | | | | |
| | | Payé à Madme Martin, modiste, sa note de 1864 | 130 75 | | | | | | | | 1 | | 130 75 |
| 15 | | Payé à la laitière sa quinzaine 12.35 — à la fruitière 22.50 | 34 85 | 34 85 | | | | | | | | | |
| 16 | | Reçu de Mr Briller, épicier, sa facture de sucre et de café | | 23 45 | | | | | | | 3 | 23 45 | |
| 18 | | Voie de bois, 4.25 — 1 sac de charbon 3.50 — Beurre 0.80 | 8 55 | 0 80 | 7 75 | | | | | | | | |
| 19 | | Reçu de Mr Cotterau, sa facture pour raccommodage d'une couverture | | | | | | | 34 00 | | 3 | 34 00 | |
| 20 | | Payé 25k de porc à 1.30 = 32.50 — confiture 1.25 — Sel 0.60 — huile à brûler 1.50 | 35 55 | 34 35 | 1 50 | | | | | | | | |
| | 525 75 | Reste en Caisse  94 43 | 431 30 | 133 55 | 35 50 | 65 00 | 44 85 | 12 00 | 85 10 | 30 00 | | 133 20 | 167 50 |

## Mois de Janvier 1865.

| Dates | Recettes | | Désignation | Total des dépenses | | Ménage | | ... Voyages | | Nourriture / Entretien | | Gages des serviteurs | | Frais divers Menus plaisirs Voyages | | Dépenses personnelles d'entretien | | Port des Livres | Montant des objets achetés à crédit | | Dépenses ... | |
|---|---|---|---|---|---|---|---|---|---|---|---|---|---|---|---|---|---|---|---|---|---|---|
| 20 | 525 | 75 | Report — Reste en Caisse qu'ils Dett. 133.20 | 431 | 30 | 173 | 55 | 35 | 50 | 68 | 00 | 44 | 65 | 12 | 00 | 36 | 10 | 20 | 00 | | 133 | 20 | 167 | 50 |
| 21 | | | Œufs 0.65 — ... 0.40 — Beurre 0.95 — Fromage 0.45 | 2 | 60 | 2 | 00 | | | | | | | | | | | | | | | | | |
| 22 | | | Une oie, 4.85. Montverde 0.10 — Café et chicorée 0.50 | 5 | 45 | 5 | 45 | | | | | | | | | | | | | | | | | |
| 24 | | | Chocolat..., 2.15 — Braise et charbon p. la cuisine, 3.90 | 6 | 15 | 6 | 15 | | | | | | | | | | | | | | | | | |
| 26 | 100 | 00 | Somme reçue de la Caisse Commerciale | 0 | 00 | | | | | | | | | | | | | | | | | | |
| 27 | | | Étamage de couverts, 2.42 — Une poêle en Ruolz, 12. | 14 | 45 | | | | | 12 | | 2 | 45 | | | | | | | | | | | | |
| | | | Poisson, 1.75 — haricots, 0.60 — oignons et persil, 0.35 | 2 | 70 | 2 | 70 | | | | | | | | | | | | | | | | | |
| 28 | | | Beurre, 1.75 — Œufs 0.90 — Fromage, 0.40 — Sel et épices 0.20 | 5 | 25 | 5 | 25 | | | | | | | | | | | | | | | | | |
| | | | Boulet, 2.15 — 1 sac de copeaux, 0.35 — Expédit., 0.90 | 3 | 50 | 3 | 15 | 0 | 35 | | | | | | | | | | | | | | | |
| 31 | | | Payé: note du boulanger, 22.45 — Note du boucher, 13.80 | 36 | 25 | 36 | 25 | | | | | | | | | | | | | | | | | |
| | | | " note de la fruitière, 8.80 — Note de la laitière, 7.40 | 16 | 20 | 16 | 20 | | | | | | | | | | | | | | | | | |
| | | | " 2 paquets de bougies, 2.80 — 1 litre de vinaigre, 0.50 | 3 | 30 | 0 | 50 | 2 | 80 | | | | | | | | | | | | | | | |
| | | | " note du blanchisseur, 22.25 — note de la couturière, 4.30 | 26 | 55 | | | | | | | 26 | 55 | | | | | | | | | | | |
| | | | " à M. Brille, épicier, sa facture du 1er de ce mois | 23 | 45 | | | | | | | | | | | | | | | 3 | | | 23 | 45 |
| | | | **Totaux du mois** | 575 | 15 | 249 | 80 | 33 | 65 | 77 | 00 | 73 | 85 | 12 | 00 | 36 | 10 | 30 | 00 | | 133 | 20 | 190 | 95 |
| | | | Dette à fin Xbre 1864 | | | | | | | | | | | | | | | | | | 167 | 50 | | |
| | | | | | | | | | | | | | | | | | | | | 300 | 70 | | |
| | | | Situation : Reste en Caisse et somme due | 50 | 00 | | | | | | | | | | | | | | | | | | 109 | 75 |
| | 625 | 75 | | 625 | 75 | | | | | | | | | | | | | | | 300 | 70 | 300 | 70 |

## Mois de Février 1865.

| Dates | Recettes | | Désignation | Total des dépenses | | | | | | | Nourriture | | Gages | | | | | | | | | | | |
|---|---|---|---|---|---|---|---|---|---|---|---|---|---|---|---|---|---|---|---|---|---|---|---|---|
| 1 | 50 | 00 | Reste en Caisse — Dette 109.75 | | | | | | | | | | | | | | | | | | | | | |
| | | | Payé à Augustine solde de son gage de Janvier | 13 | 00 | | | | | | | | | 13 | 00 | | | | | | | | | |
| | 150 | 00 | Somme reçue de la Caisse Commerciale | 0 | 00 | | | | | | | | | | | | | | | | | | | |
| | | | Payé 30f de toile à draps, & ? | 60 | 00 | | | | | | | 60 | 00 | | | | | | | | | | | | |
| | 100 | 00 | Reste en Caisse 27.60 — Dette 109.73 | 73 | 00 | | | | | | | 60 | 00 | 13 | 00 | | | | | | | | | | |

# Mois de Février.

| Dates | Recettes | Mois de Février. | Total des payements | Nourriture | Chauffage éclairage, contributions, abonnements | Mobilier commun: Acquisition | Mobilier commun: Entretien | Gages des Serviteurs | Frais divers, menus plaisirs, Voyages, Gratifications, Étrennes, &a | Dépenses personnelles & entretien des membres de la famille | Fo du Livre | Montant des objets achetés à crédit | Payements sur objets achetés à crédit |
|---|---|---|---|---|---|---|---|---|---|---|---|---|---|
| 1 | 200 60 | Report — Reste en Caisse 127.60 — Dette 109.75 | 73 00 | " " | " " | " " | 60 00 | 13 00 | " " | " " | | " " | |
| " | | Reçu de Greslou Fils, leur facture d'un habillement pour Mr | | | | | | | | 140 00 | 6. 4 | 140 00 | |
| 2 | | Viande, 1.30 — Un sac de copeaux, 0.40 — 1 douz. d'œufs, 0.90 | 2 60 | 2 20 | 0 40 | | | | | | | | |
| " | | Crinoline pour Melle Zoé, 12.50 — Chapeau pr Melle Climence 18f. | 30 50 | | | | | | | 30 50 | 8.6 | | |
| 4 | | Beurre, 1.30 — Fromage, 0.75 — Viande, 1.45 — Légumes, 0.40 | 3 90 | 3 90 | | | | | | | | | |
| " | | Garniture de chapeau pr Melle Zoé, 4.25 — Poulet, 2.40 | 6 65 | 2 40 | | | | | | 4 25 | 6 | | |
| " | | 3 litres d'huile à brûler, 3.75 — 1 boîte d'allumettes, 0.20 | 3 95 | | 3 95 | | | | | | | | |
| 10 | | Poisson, 2.30 — Haricots, 0.60 — Fil et aiguilles, 0.50 | 3 40 | 2 90 | | | 0 50 | | | | | | |
| 11 | | Viande, 2.40 — Purée de pois, 1.10 — Salade, 0.30 — harengs, 0.40 | 4 20 | 4 20 | | | | | | | | | |
| 12 | | ½ dinde, 3.25 — Poivre et moutarde, 0.25 — Chocolat, 1.50 | 5 00 | 5 00 | | | | | | | | | |
| 16 | | Une paire de souliers pour Paul, 6.50 — Cirage, 0.60 | 7 10 | | | | 0 60 | | | 6 50 | 7 | | |
| | | Reste en Caisse 60.30 | 140 30 | | | | | | | | | | |
| 18 | | Lentilles, 3. — Viande, 4.25 — Beurre, 1.30 — Œufs, 0.90 | 9 45 | 9 45 | | | | | | | | | |
| 24 | 150 00 | Somme reçue de la Caisse Commerciale | | | | | | | | | | | |
| 25 | | Viande, 1. — Légumes, 0.40 — Pâté, 3.85 — Charcuterie, 1.30 | 6 55 | 6 55 | | | | | | | | | |
| 27 | | Note de la blanchisseuse, 18.25 — Chapeau pr Made, 24.75 | 43 00 | | | | 18 25 | | | 24 75 | 7 | | |
| 28 | | Note de la laitière, 7.45 — id. de la fruitière, 12.60 — Fromage, 0.70 | 20 75 | 20 75 | | | | | | | | | |
| " | | Note du boulanger, 20.40 — du boucher, 18.50 — du charcutier, 9.25 | 48 15 | 48 15 | | | | | | | | | |
| " | | Note de la lingère, 4.60 — Gage d'Augustine, 25f. | 29 60 | | | | 4 60 | 25 00 | | | | | |
| " | | Payé à Mr Cudin, sa facture du 13 Janvier | 22 75 | | | | | | | | 2 | | 22 75 |
| | 350 60 | Totaux du mois | 320 55 | 105 50 | 4 35 | " " | 83 95 | 38 00 | " " | 206 00 | | 140 00 | 22 75 |
| | 575 15 | Dépense et Dette, à fin Janvier | 575 15 | 240 80 | 38 65 | 77 00 | 73 85 | 12 00 | 36 10 | 30 00 | | 109 75 | " " |
| | | Totaux du 1er Janvier à ce jour | 895 70 | 855 30 | 43 00 | 77 00 | 157 80 | 50 00 | 36 10 | 236 00 | | 249 75 | 22 75 |
| | | Situation : Reste en Caisse et somme due | 30 05 | | | | | | | | | | 227 00 |
| | 925 75 | | 925 75 | | | | | | | | | 249 75 | 249 75 |

## Mois de Mars 1865.

| Dates | Recettes | Mois de Mars 1865 | Total des Payements | Nourriture | Chauffage, Éclairage, Loyer, Impôts, Abonnements, Assurances | Mobilier et commun. — Augmentation | Mobilier et commun. — Entretien | Gages des Serviteurs | Dépenses d'agrément, Voyages, Étrennes | Dépenses personnelles, Entretien de la famille |  | Montant des objets achetés à crédit | Montant des objets achetés au comptant |
|---|---|---|---|---|---|---|---|---|---|---|---|---|---|
| 1 | 30 05 | Reste en Caisse —— Dette . 227 . „ | | | | | | | | | | | |
| " | 6 45 | Prix de vente de chiffons et de vieilles chaussures. | | | | | | | | | | | |
| " | | Harengs, 0.25 – Raie, 1.20 – Beurre, 0.55 – poires cuites, 0.30 | 2 30 | 2 30 | | | | | | | | | |
| 2 | | Viande, 1.65 – Saucisses, 0.45 – Salade, 0.20 – huile à bruler, 0.70 | 3 00 | 2 30 | 0 70 | | | | | | | | |
| 4 | | Braise, 0.30 – Suif, 0.20 – Café, 0.25 – Légumes, 0.35 – Cirage, 0.25 | 1 35 | 0 80 | 0 30 | | 0 25 | | | | | | |
| 5 | | Pot-au-feu, 1.80 – Canard, 2.25 – Salade, 0.15 – Crème, 0.50 | 4 20 | 4 20 | | | | | | | | | |
| 7 | | Un sac de charbon, 3.25 – Choux, 0.20 – Chocolat, 0.90 | 4 35 | 1 10 | 3 25 | | | | | | | | |
| 8 | | Semestre d'abonnement au Napoléonien, 18f. – Œufs, 0.80 | 18 30 | 0 80 | | | | | 13 " | | | | |
| 10 | 150 | Somme reçue de la Caisse Commerciale | | | | | | | | | | | |
| " | | Bottines pour Mlle Zoé, 14.00 – Poisson, 1.45 | 15 45 | 1 45 | | | | | | 14 " | 8 | | |
| 11 | | Viande 3.60 – Légumes, 0.65 – Poires et moutarde, 0.15 | 4 40 | 4 40 | | | | | | | | | |
| " | | Reçu de Madame Degris, 6 paires de bas à 4.25, pour Madame | | | | | | | | 25 50 | 7-H | 25 50 | |
| " | | Payé comptant à Mr Guellard, 3 cravattes et 1 ¼ m. de chaus. | 17 80 | | | | | | | 17 80 | 6 | | |
| 12 | | d°. — à Mr Blancher, gants et bas pour Paul | 7 95 | | | | | | | 7 95 | 7 | | |
| " | | Viande, 2.75 – Café, 0.50 – Salade, 0.15 – huile de navette, 0.75 | 4 15 | 4 15 | | | | | | | | | |
| 15 | | Guimpe pour Mlle Clémence, 1.30 – Gilet pour Paul, 4.25 | 5 55 | | | | | | | 5 55 | 8-7 | | |
| 16 | | Saucisses, 0.55 – Poulet, 2.30 – Légumes, 0.15 | 3 . | 3 . | | | | | | | | | |
| 18 | | Pot-au-feu, 1.45 – Beurre, 0.95 – Œufs, 0.75 | 3 15 | 3 15 | | | | | | | | | |
| 19 | | Café, 0.25 – Vermicelle, 0.50 – Jambonnière, 3.40 | 4 15 | 4 15 | | | | | | | | | |
| 22 | | Quête pour les pauvres 5f. – Casquette pour Paul, 3.25 | 8 25 | | | | | | 5 " | 3 25 | 7 | | |
| " | | Marotte, 4.50 – Balai de paille de riz, 1f. – Sel, 0.10 | 5 60 | 0 10 | | | 5 50 | | | | | | |
| 24 | | Bas pour Mlle Clémence, 4.25 – Viande, 1.50 – Lampière, 1.40 | 7 15 | 1 50 | | | 1 40 | | | 4 25 | 8 | | |
| " | | Beurre, 1f – Œufs, 0.65 – Huile, 2.05 – Légumes, 0.40 | 4 10 | 4 10 | | | | | | | | | |
| 25 | | Café, 1.50 – Cognac, 3.25 – Bougie, 2.60 – Moutarde, 0.05 | 7 40 | 4 80 | 2 60 | | | | | | | | |
| | 186 50 | Reste en Caisse — 54.40 | 138 10 | 42 30 | 6 85 | · | 7 15 | · | 23 " | 78 30 | | 25 50 | · |

## Mois de Mars 1865.

| Dates | Recettes | Désignation | Total des Payements | Nourriture | Chauffage, Éclairage, Loyer, Impôts, Abonnements, Assurances &c | Mobilier commun — Augmentation | Mobilier commun — Entretien | Gages des Serviteurs | Frais divers, Menus-plaisirs, Voyages, gratifications, Étrennes &c | Dépenses personnelles d'entretien des membres de la famille | Porté au Livre | Montant des objets achetés à crédit | Payements sur objets achetés à crédit |
|---|---|---|---|---|---|---|---|---|---|---|---|---|---|
| 25 | 186 50 | Report — Reste en Caisse 54.40 — Dette 252.30 | 132 10 | 42 30 | 6 85 | | 7 15 | | 23 - | 78 30 | | 25 50 | |
| 26 | | Carcasses de chapeaux pr Mlles, 3.50 — Velours pr ces chapeaux, | | | | | | | | | | | |
| . | | en fournitures, 24. — 3 bouteilles de limonade, 1.10 | 28 60 | 1 10 | | | | | | 27 50 | 2.5 | | |
| 27 | | Laine à repriser, 1.60 — Camolon, 1.90 — huile à brûler, 0.70 | 4 20 | | 0 70 | | 3 50 | | | | | | |
| 28 | | A cols pr Mlles, 9.50 — Rempaillage de 4 chaises, 6. — | 15 50 | | | | 6 - | | | 9 50 | 3.6 | | |
| 29 | 200 | Somme reçue de la Caisse Commerciale | | | | | | | | | | | |
| 30 | | Payé à Cotteron, sa facture du 19 Janvier dernier | 35 - | | | | | | | | 3 | | 35 - |
| . | | à Greslon frères, valeur en compte | 60 - | | | | | | | | 4 | | 60 - |
| . | | Harengs, 0.40 — Beurre, 0.90 — Œufs, 0.43 — Choux, 0.15 | 1 90 | 1 90 | | | | | | | | | |
| 31 | | Payé la traite de Mr Joffroy, pour solde de son vin | 55 - | | | | | | | | 2 | | 55 - |
| . | | note du boulanger, 18.05 — Celle du boucher, 14.25 | 33 20 | 33 20 | | | | | | | | | |
| . | | trimestre d'abonnement aux eaux de la Ville | 7 75 | | 7 75 | | | | | | | | |
| 386 50 | | **Totaux du mois.** | 370 25 | 78 50 | 15 30 | | 16 65 | | 23 - | 115 30 | | 25 50 | 147 - |
| 895 70 | | Dépense en dette à fin Février | 895 70 | 355 30 | 43 - | 77 - | 157 80 | 50 - | 36 10 | 236 - | | 227 - | |
| | | Totaux du 1er Janvier à ce jour. | 1 266 95 | 433 80 | 58 30 | 77 - | 174 45 | 50 - | 59 10 | 351 30 | | 252 50 | 147 - |
| | | Situation : Reste en Caisse et Somme due | 16 25 | | | | | | | | | | 105 50 |
| 1 282 40 | | | 1 282 40 | | | | | | | | | | 252 50 |

## Avril 1865.

| Dates | Recettes | Désignation | Total des Payements | Nourriture | Chauffage, Éclairage, Loyer, Impôts, Abonnements, Assurances &c | Mobilier commun — Augmentation | Mobilier commun — Entretien | Gages des Serviteurs | Frais divers, Menus-plaisirs, Voyages, gratifications, Étrennes &c | Dépenses personnelles d'entretien des membres de la famille | Porté au Livre | Montant des objets achetés à crédit | Payements sur objets achetés à crédit |
|---|---|---|---|---|---|---|---|---|---|---|---|---|---|
| 1 | 16 25 | Reste en Caisse ——— Dette 105.50 | | | | | | | | | | | |
| . | 100 - | Somme reçue de la Caisse Commerciale | | | | | | | | | | | |
| . | | Payé à Augustine, son gage de Mars | 25 - | | | | | 25 - | | | | | |
| . | | à la laitière et à la fruitière, leur note de Mars | 13 80 | 13 80 | | | | | | | | | |
| . | | à la lingère ou à la blanchisseuse | 18 20 | | | | 18 20 | | | | | | |
| 116 25 | | Reste en Caisse 59.25 | 57 - | 13 80 | | | 18 20 | 25 - | | | | | |

| Dates | Recettes | Mois d'Avril 1865 | Total des Payements | Nourriture | Chauffage, Éclairage, Loyer, impôts, Abonnements, Assurance & | Mobilier commun — Augmentation | Mobilier commun — Entretien | Gages des Serviteurs | Frais divers, Menus plaisirs, Voyages, Gratifications, Étrennes & | Dépenses personnelles & entretien des membres de la famille | È. livre | Montant des objets achetés à crédit | Payements sur objets achetés à crédit |
|---|---|---|---|---|---|---|---|---|---|---|---|---|---|
| 1 | 116.25 | Report — Reste en Caisse, 59.25 — Dette 105.50 | 57 • | 13.80 | • • | • • | 48.25 | 25 • | • • | • • | | | |
| 2 | | Payé au charcutier, sa note de Mars | 5.45 | 5.45 | | | | | | | | | |
| " | | " à la Mde de fromage | 3.60 | 3.60 | | | | | | | | | |
| " | | Viande de boucherie, 1.45 — Poulet 2.10 — Légumes 0.35 | 3.90 | 3.90 | | | | | | | | | |
| " | | Reçu de M. Cotterel, une couchette et une table de nuit | | | | 114 • | | | | | 3 | 114 • | |
| " | | Reçu de Mess.rs Ballon, leur facture de mercerie | | | | | 35.45 | | | | 1 | 35.45 | |
| 3 | | Fraise 0.80 — Salade 0.10 — Sel 0.10 — Beurre 1.30 — Viande 0.60 | 2.40 | 2.10 | 0.30 | | | | | | | | |
| 4 | | Marée 0.55 — Volaille 0.20 — Épinards 0.20 — Lentilles 0.30 | 1.25 | 1.25 | | | | | | | | | |
| 5 | | Viande 0.75 — Légumes 0.40 — Blanchissage 0.05 | 8.20 | 1.15 | | | 7.05 | | | | | | |
| 6 | 200 | Somme reçue de la Caisse Commerciale | | | | | | | | | | | |
| 7 | | Payé à M. Pigeotte 6 chemises pour M. | 67.50 | | | | | | | 67.50 | 6 | | |
| " | | à M. Farrand 3.60 de savon, 3.60 — 1 boîte de bleu 1.30 | 5.10 | | | | 5.10 | | | | | | |
| " | | à M. M. Saulin, diverses fournitures pr Mess.rs | 10.50 | | | | | | | 10.50 | 3.3 | | |
| 8 | | Beurre 1.60 — Œufs 0.65 — Viande 1.75 — Chocolat 1.50 | 5.40 | 5.40 | | | | | | | | | |
| " | | Sirop de café 3.50 — Vermicelle 0.50 — Riz 0.40 | 4.40 | 4.40 | | | | | | | | | |
| 9 | | 3 places au Cirque 5. — Dépense aux foires 2.80 | 7.80 | | | | | | 7.80 | | | | |
| 10 | | Tapioca 0.90 — Radis en salade 0.30 — Bas pr Paul 2.55 | 3.75 | 1.20 | | | | | | 2.55 | | | |
| " | | Somme prélevée pr M. 40 — Bottines pour Paul 6. | 46. | | | | | | | 46. | 6.7 | | |
| 11 | | Étoffes et garnitures de 2 robes pr Mdes 64.70 — Café 0.25 | 64.95 | 0.25 | | | | | | 64.70 | 3.3 | | |
| " | | Légumes et radis 0.65 — Baille à linge 3.50 — 1 Panier 3.25 | 7.40 | 0.65 | | 3.40 | 3.25 | | | | | | |
| 12 | | Hareng 0.45 — Raie 1.35 — Salade 0.15 — Vinaigre 0.50 | 2.50 | 2.50 | | | | | | | | | |
| 13 | 300 • | Somme reçue de la Caisse Commerciale | | | | | | | | | | | |
| " | | Viande de boucherie 2.30 — Poulet 1.20 — Salade 0.20 | 4.70 | 4.70 | | | | | | | | | |
| " | | Trimestre de loyer 100 — Pension de Paul 320 | 420. | | 100. | | | | | 320. | 7 | | |
| | 616.25 | Reste en Caisse, 84.45 | 731.80 | 50.95 | 100.30 | 117.50 | 69.05 | 25 • | 7.80 | 511.25 | | 149.45 | |

## Mois d'Avril 1865.

| Dates | Recettes | Désignation | Total des Dépenses | Nourriture | Chauffage, Éclairage, Loyer, Impôts, Abonnements, Assurances &c | Mobilier commun — Augmentation | Mobilier commun — Entretien | Gages des Serviteurs | Frais divers, Menus plaisirs, Voyages, Gratifications, Étrennes &c | Dépenses personnelles & entretien des membres de la famille | | Montant des objets achetés à crédit | Payements sur objets achetés à crédit |
|---|---|---|---|---|---|---|---|---|---|---|---|---|---|
| 15 | 916 25 | Report — Reste en Caisse, 84.45 — Dette 2849.5 | 731 80 | 60 35 | 100 30 | 117 50 | 69 05 | 25 " | 7 50 | 511 25 | | 149 45 | " " |
| 22 | | Frais de voyage à Rancy, pr toute la famille du 15 au 22. | 76 " | | | | | | 76 " | | | | |
| . | 150 | Somme reçue de la Caisse Commerciale | | | | | | | | | | | |
| . | | Viande 1.45 — Légumes 0.35 — Salade 0.15 | 1 95 | 1 95 | | | | | | | | | |
| 23 | | Poulet 2.30 — Gâteau 0.90 — Café 0.25 | 3 45 | 3 45 | | | | | | | | | |
| 25 | | Chocolat 2.50 — Sardines 0.90 — huile à brûler 1.40 | 4 80 | 3 40 | 1 40 | | | | | | | | |
| 26 | | Blouse pr Paul 1.75 — Façon de 2 robes de Mlles 8.40 | 12 15 | | | | | | | 12 15 | 7.8.5 | | |
| 29 | | Viande 2.40 — Légumes 0.20 — Salade 0.10 — Moutarde 0.05 | 2 75 | 2 75 | | | | | | | | | |
| 30 | | Note du boulanger, 14.70 — du boucher, 9.15 — de la laitière, 4.20 | 28 05 | 28 05 | | | | | | | | | |
| . | | „ de la fruitière, 4.30 — de l'épicier, 11.04 — Eau de Seltz, 3. | 18 35 | 18 35 | | | | | | | | | |
| . | | „ du charbonnier, 6.50 — Gage d'Augustine, 25. | 31 50 | | 6 50 | | | 25 " | | | | | |
| | 966 25 | **Totaux du mois** | 910 80 | 108 30 | 108 20 | 117 50 | 69 05 | 50 " | 83 80 | 523 40 | | 149 45 | " " |
| | 1265 95 | Dépense et Dette à fin Mars. | 1265 95 | 433 80 | 58 30 | 77 " | 174 45 | 50 " | 59 10 | 351 30 | | 105 50 | " " |
| | | Totaux du 1er Janvier à ce jour. | 2176 75 | 542 10 | 166 50 | 194 50 | 243 50 | 100 " | 142 90 | 874 70 | | 254 95 | " " |
| | | Situation : Reste en Caisse et somme due | 55 45 | | | | | | | | | | 254 95 |
| | 2232 20 | | 2232 20 | | | | | | | | | | |

## Mai 1865.

| Dates | Recettes | Désignation | Total des Dépenses | Nourriture | Chauffage, Éclairage, Loyer, Impôts, Abonnements, Assurances &c | Mobilier commun — Augmentation | Mobilier commun — Entretien | Gages des Serviteurs | Frais divers, Menus plaisirs, Voyages, Gratifications, Étrennes &c | Dépenses personnelles & entretien des membres de la famille | | Montant des objets achetés à crédit | Payements sur objets achetés à crédit |
|---|---|---|---|---|---|---|---|---|---|---|---|---|---|
| 1 | 55 45 | Reste en Caisse —— Dette, 254.95. | | | | | | | | | | | |
| . | | Un pot à eau ou une Cuvette, 1.10 — Blanchissage 0.60 | 1 70 | | | | 1 70 | | | | | | |
| 2 | | Viande 2.30 — Carottes 0.75 — Radis en salade, 0.30 — fromage, 0.35 | 3 70 | 3 70 | | | | | | | | | |
| 3 | | Rebattage de 2 matelas, 5. — Laine et toile pr ces matelas, 18. | 23 " | | | | 23 " | | | | | | |
| . | | Reçu de M. Bellon aîné, un matelas et 1 sommier | | | | 110 " | | | | | 2 | 110 " | |
| 4 | | Viande, 1.10 — huile p. salade, 0.35 — huile à brûler, 0.70 | 2 65 | 1 95 | 0 70 | | | | | | | | |
| | 55 45 | Reste en Caisse, 24.40 | 31 05 | 5 65 | 0 70 | 110 " | 24 70 | " " | " " | " " | | 110 " | " " |

## Mois de Mai 1865.

| Date | Recettes | | Désignation | Payements | | [illegible] | Ménage [illegible] | | Gages domestiques | [illegible] Voyages [illegible] Étrennes | [illegible] | [illegible] | [illegible] à crédit | [illegible] à crédit |
|---|---|---|---|---|---|---|---|---|---|---|---|---|---|---|
| 4 | 35 | 45 | Report — Reste en Caisse 24.40 — Dette 364.93 | 31 | 05 | 3 65 | 0 70 | 1 10 | 24 70 | | | | 1 10 | |
| 6 | | | Cervelle de veau, 1.— Pieds de veau, 0.45 — aiguin es 0.35 | 1 | 80 | 1 80 | | | | | | | | |
| « | | | Fil, coton, lacets, 0.35 — Sirop et eau de [illegible], 1.55 | 1 | 90 | 1 55 | | | 0 35 | | | | | |
| 7 | | | Fromage, 0.35 — Asperges, 1.15 — Beurre, 1.10 — Œufs 0.00 | 3 | 50 | 3 50 | | | | | | | | |
| 9 | | | Pot-au-feu, 0.55 — Légumes, 0.10 — 1 boîte de bleu, 1.60 | 2 | 55 | 0 95 | | | 1 60 | | | | | |
| 11 | | | Chapeau noir, pour M. [illegible] — Viande, 0.10 — Sel, 0.10 | 14 | 60 | . 60 | | | | | 14 . | 6 | | |
| 12 | 300 | | Somme reçue de la Caisse Commerciale | | | | | | | | | | | |
| « | | | Payé à Madᵉ Degris, sa facture du 11 Mars | 25 | 50 | | | | | | | 1 | | 25 50 |
| « | | | à Mᵉˡˡᵉˢ Ballot, leur facture du 1ᵉʳ avril | 35 | 45 | | | | | | | 1 | | 35 45 |
| « | | | à Mˢ Petteren, valeur en compte | 64 | . | | | | | | | 3 | | 64 . |
| 13 | | | Chapeau pour Paul, 7.— Robe pour Madᵈ, 46. . | 53 | . | | | | | | 53 . | 7.7 | | |
| 14 | | | Cotelettes, 1.15 — Pot-au-feu, 0.75 — Salad 0.15 — Radis, 0.20 | 2 | 35 | 2 35 | | | | | | | | |
| 15 | | | Sac de charbon, 3.25 — 2 fromages, 0.90 — Fraise, 0.30 | 4 | 45 | 0 90 | 3 55 | | | | | | | |
| 17 | | | Asperges, 0.75 — épinards 0.20 — Viande, 1.15 | 2 | 10 | 2 10 | | | | | | | | |
| 18 | | | Fil à coudre et à marquer, 0.45; mère 0.70 Cerises 0.25 | 1 | 40 | 0 95 | | | 0 45 | | | | | |
| 19 | | | Bains froids 2.25 — Lessivage et blanchissage, 6.75 | 9 | . | | | | 6 75 | | 2 25 | | | |
| 20 | | | Reçu de M.M. Greslon frères, un paletot d'été pᵗ M. | | | | | | | | 65 . | 6.4 | 65 . | |
| « | | | Viande, 1.35 — Beurre, 0.95 — Allumettes, 0.10 | 2 | 40 | 2 30 | 0 10 | | | | | | | |
| 23 | | | Cerises, 0.25 — Artichauds, 0.60 — Fromage, 0.40 | 1 | 25 | 1 25 | | | | | | | | |
| 24 | | | Une douz de bas pour Mᵉˡˡᵉˢ 25.40 — Viande, 1.60 | 27 | . | 1 60 | | 1 . | | | 25 40 | 8.8 | | |
| 29 | | | Fête de Stolyé : dépense, 12.80 — Viande, 0.65 | 13 | 45 | 0 65 | | | | | 12 80 | | | |
| 30 | | | Pommes de terre, 0.35 — Fraises et cerises, 0.60 | 0 | 95 | 0 95 | | | | | | | | |
| « | | | Reçu de Madᵈ Martin, sa note de coiffures pour Madᵈ | | | | | | | | 32 75 | 7.4 | 32 75 | |
| « | | | de M. Moreau, 1 paire de souliers pour Mˢ | | | | | | | | 18 . | 6.3 | 18 . | |
| | 335 | 45 | Reste en Caisse. 37.35 | 297 | 90 | 27 30 | 4 35 | 1 10 | 33 85 | . . | 15 05 | 208 15 | 225 75 | 124 95 |

# Mois de Mai 1865.

| Recettes | Désignation | Total des Payements | (Nourriture, Assurances) | (Chauffage…) | Entretien | Gages et valeurs | Frais divers / Dépenses personnelles / Voyages / Étrennes de la famille | | Montant des objets achetés à crédit | Payements sur objets achetés à crédit |
|---|---|---|---|---|---|---|---|---|---|---|
| 355 45 | Report — Reste en Caisse, 57.55 — Dette, 355.75 | 297 90 | 27 50 | 4 35 | 110 | 33 35 | | 15 05 | 206 15 | 115 75 | 124 95 |
| 150 | Somme reçue de la Caisse Commerciale | | | | | | | | | |
| | Viande, 1.65 — Légumes, 0.45 — Fraises et Cerises, 0.55 | 2 64 | 2 65 | | | | | | | |
| | Note du boulanger, 25.40 — du boucher, 18.65 | 44 05 | 44 05 | | | | | | | |
| | de la laitière, 7.20 — de la fruitière, 6.40 | 13 60 | 13 60 | | | | | | | |
| | — de la blanchisseuse, 18.15 — de la couturière, 5.60 | 23 75 | | | | 23 75 | | | | |
| | Gage d'Augustine, 25. — Note de l'Épicier, 14.75 | 39 75 | 14 75 | | | | 25 | | | |
| | Payé à M.M. Grolon frères, p. solde de leur f.re du 1er février | 80 | | | | | | 4 | | 80 |
| 505 45 | **Totaux du mois.** | 501 70 | 102 35 | 4 95 | 110 | 57 50 | 25 | 15 05 | 208 15 | 225 75 | 204 95 |
| 2176 75 | Dépense et Dette, à fin Avril | 2 176 75 | 542 10 | 165 50 | 194 50 | 243 50 | 100 | 142 90 | 874 70 | 254 95 | |
| | Totaux du 1er Janvier à ce jour | 2 678 45 | 644 45 | 170 45 | 304 50 | 301 10 | 125 | 157 95 | 1 082 85 | 480 70 | 204 95 |
| | Situation : Reste en Caisse et somme due | 3 75 | | | | | | | | | 275 75 |
| 2682 20 | | 2 682 20 | | | | | | | | | 480 70 |

## Juin 1865.

| Recettes | Désignation | Total des Payements | | | | | | | Montant des objets achetés à crédit | Payements sur objets achetés à crédit |
|---|---|---|---|---|---|---|---|---|---|---|
| 3 75 | Reste en Caisse —— Dette, 275.75 | | | | | | | | | |
| 300 | Somme reçue de la Caisse Commerciale | | | | | | | | | |
| | Reçu de M.r Joffroy, 4 pièces de vin, à 50. l'une | | 200 | | | | | | 2 | 200 | |
| | Congé, entrée en transport de ce vin | 48 50 | 48 50 | | | | | | | | |
| | Viande, 1.05 — Cerises, 0.50 — Fraises, 0.40 — Radis, 0.15 | 2 10 | 2 10 | | | | | | | | |
| 2 | Eau de Seltz, 0.15 — Pommes de terre, 0.80 — Fromage, 0.35 | 1 30 | 1 30 | | | | | | | | |
| | Reçu de M.r Cotterei, un secrétaire | | | | | 80 | | | 3 | 80 | |
| 4 | de M.r Moreau, une paire de bottines pour Mad.e | | | | | | | 16 | 2 | 16 | |
| 5 | Toile pour serviettes, 45 — Rideaux de fenêtres, 26.50 | 71 50 | | | | 71 50 | | | | | |
| 303 75 | —— Reste en Caisse, 180.05 | 123 70 | 252 20 | | | 80 | 71 50 | | 16 | 206 | |

## Mois de Juin 1865.

| Dates | Recettes | Désignation | Total des Payements | Nourriture | Chauffage, Éclairage, Loyer, Impôts, Abonnements, Assurances, &c | Mobilier commun — Augmentation | Mobilier commun — Entretien | Gages des Serviteurs | Frais divers, Menus plaisirs, Voyages, Gratifications, Étrennes, &c | Dépenses personnelles & entretien des membres de la famille | Fº du Livre | Montant des objets achetés à crédit | Payements sur objets achetés à crédit |
|---|---|---|---|---|---|---|---|---|---|---|---|---|---|
| 5 | 303 75 | Report. — Reste en Caisse 180.05 — Dette, 371.75 | 123 70 | 252 85 | " | 80 " | 71 50 | " | " | 16 " | | 296 " | " |
| 7 | | Reçu de M. Habert 10 stères de bois à 14. " | | | 140 | | | | | | 2 | 140 " | |
| 6 | | Sciage de bois 21.. — Pot de fleurs, 0.75 | 21 75 | | 21 " | | | | 0.75 | | | | |
| 7 | | Viande, 1.75 — Légumes, 0.30 — Fromage, 0.45 | 2 50 | 2 50 | | | | | | | | | |
| 8 | | Café, 0.50 — Chocolat, 2.50 — Cerises, 0.20 | 3 20 | 3 20 | | | | | | | | | |
| 11 | | Reçu de M. Moreau, 1 paire de bottines p. M.lle Clémence | | | | | | | | 12 50 | 8.1 | 12 50 | |
| " | | de M. Adnot, 3 ombrelles à 8.50 | | | | | | | | 25 50 | 7.8 | 25 50 | 3 |
| " | | de M. Évrard, 6 paires de manches p. M.lles | | | | | | | | 18 " | 8.8 | 18 " | |
| 12 | | Viande, 1.30 — Cerises, 0.15 — Pommes de terre, 0.45 | 1 90 | 1 90 | | | | | | | | | |
| " | | Parapluie, 16. — Vaisselle, 18.. — Choux, 0.25 | 34 25 | 0 25 | | | 34 " | | | | | | |
| 13 | | Braise, 0.30 — Huile à brûler, 0.70 — Asperges, 1.20 | 2 20 | 1 20 | 1 " | | | | | | | | |
| 14 | | Saucisses, 0.75 — Pommes de terre, 0.40 — Cerises, 0.25 | 1 40 | 1 40 | | | | | | | | | |
| 16 | | Blanchissage, 4.. — Raccommodage de souliers de Paul, 0.45 | 4 45 | | | | 4 " | | | 0 45 | 7 | | |
| 18 | | Vêtement d'été pour Madt 42.. — Viande, 1.45 | 43 45 | 1 45 | | | | | | 42 " | 7 | | |
| 19 | | Chapeau de paille p. M. 12.50 — Fraises, 0.40 | 12 90 | 0 40 | | | | | | 12 50 | 6 | | |
| 20 | | Viande, 1.05 — Petits pois, 0.30 — Gâteau, 0.90 | 2 55 | 2 55 | | | | | | | | | |
| 24 | | Cerises et framboises pour confitures, 4.80 | 4 80 | 4 80 | | | | | | | | | |
| " | | Sucre, 12. — Petits pois pour conserves, 7.20 | 19 20 | 19 20 | | | | | | | | | |
| 25 | | Aiguilles, fil et coton, 0.45 — Beurre, 1.10 | 1 55 | 1 10 | | | 0 45 | | | | | | |
| 26 | | Œufs, 0.85 — Haricots verts, 0.40 — Abricots, 1.30 | 2 55 | 2 55 | | | | | | | | | |
| 27 | | Loyer d'un banc à l'Église, 18.. | 18 " | | 18 " | | | | | | | | |
| 28 | | Poisson, 1.25 — Café et chicorée, 0.50 | 1 75 | 1 75 | | | | | | | | | |
| 30 | 250 " | Somme reçue de la Caisse Commerciale | | | | | | | | | | | |
| " | | Pigeonneaux, 3.. — Côtelettes, 2.15 — Chocolat, 1.50 | 6 65 | 6 65 | | | | | | | | | |
| | | Reste en Caisse, 245.. | | | | | | | | | | | |
| | 553 75 | | 308 75 | 303 10 | 180 " | 80 " | 109 95 | | 0 75 | 126 95 | | 492 " | |

# Mois de Juin 1865.

Report. Reste en Caisse 245. — Dette 767.75
Note du boulanger, 22.45   du boucher, 16.50
  de l'épicier, 3.90   de la fruitière, 5.40
  .. de la laitière, 6.25   de la blanchisseuse, 16.50
Gage d'Augustine, 25. —   Note de la repasseuse, 8.10
Payé à M. Cotteron, pour solde à ce jour.

## Totaux du mois.

Dépense et dette, à fin Mai
Totaux, du 1er Janvier à ce jour
Situation: Reste en Caisse et somme due

# Juillet 1865.

Reste en Caisse   Dette 637.75
Reçu de la Caisse Commerciale
Payé un trimestre de loyer, échu le 24 Juin
  .. trimestre d'abonnement aux eaux de la Ville
Légumes, 0.90   beurre, 0.60   Vermicelle, 0.40
Reçu de M. Hussen 5 [illegible] photographies de famille
Pot-au-feu, 0.95   Pigeons, 2.40   Légumes, 0.60
Payé à Madᵉ Martin, sa facture du 30 Mai
Fromage, 0.85   5 places de théâtre, 10. "
Reçu de M. Dronen, 2 écharpes pour Mᵐᵉˢ
1 sac de charbon, 3.25   1 paquet de bougies, 1.50
  Reste en Caisse 344.65

Valeurs portées en marge et colonnes (Juin 1865) :

| Désignation | Report | [illeg.] | [illeg.] | Agglomérations Fraîches | Serviteurs | [illeg.] | [illeg.] | Menus frais | [illeg.] | Montant des sommes dues |
|---|---|---|---|---|---|---|---|---|---|---|
| Report | 308.75 | 303.10 | 150 | 30. | 109.95 | | 0.14 | 126.65 | 492. | -. |
| Note du boulanger / boucher | 38.95 | 38.95 | | | | | | | | |
| épicier / fruitière | 14.30 | 14.30 | | | | | | | | |
| laitière / blanchisseuse | 22.45 | 6.25 | | | 16.20 | | | | | |
| Gage / repasseuse | 33.10 | | | | 6.10 | 25. | | | | |
| Payé à M. Cotteron | 130. | | | | | | | | 3 | 130. |
| Totaux du mois | 547.55 | 368.60 | 150. | 30. | 134.25 | 25. | 0.75 | 126.95 | 492. | 130. |
| Dépense et dette, à fin Mai | 2678.45 | 644.45 | 170.85 | 304.50 | 301.10 | 125. | 157.95 | 1072.85 | 275.75 | -. |
| Totaux, du 1er Janvier à ce jour | 3226.00 | 1007.05 | 350.85 | 334.50 | 435.35 | 150. | 158.70 | 1209.80 | 767.75 | 130. |
| Situation | 6.20 | | | | | | | | | 637.75 |
| | 3232.20 | | | | | | | | | 767.75 |

Valeurs en marge à gauche : 553.75 · 553.75 · 2678.45 · 3232.20 · 6.20 · 500. " · 506.20

Dernière ligne (Juillet) : 100. · 100. · 7.75 · 7.75 · 2. · 2. · 50. · 5. · 50. · 3.95 · 3.95 · 32.75 · 1 · 32.75 · 10.35 · 0.35 · 10. · [illeg.] · 8.1 · [illeg.] · 4.75 · 4.75 · 161.55 · 6.30 · 112.50 · 60. · 44. · 94. · 32.75

Par L.E. Ch. Barrême, Professeur de Comptabilité à Troyes.

## Mois de Juillet 1865.

| Jour | Recettes | Mois de Juillet 1865 | Total des Payements | Nourriture | Chauffage, Éclairage, Loyer, impôts, Abonnements, Assurances | Mobilier commun — Augmentation | Mobilier commun — Entretien | Gages des Serviteurs |
|---|---|---|---|---|---|---|---|---|
| 4 | 506 20 | Report. — Reste en Caisse, 344.65 — Dette, 609.. | 161 55 | 6 30 | 112 50 | | | |
| " | | Reçu de Madt Hémard, un habillement pour Paul | | | | | | |
| 6 | | Payé un registre. frais de ménage | 6 | | | | | |
| 7 | | 2 corsages blancs, pour Mesdelles, et 2 ceintures blanches | 28 | | | | | |
| " | | 3 corsets pour Madt et Mesdelles, à 8.. f.um | 24 | | | | | |
| 8 | | 6 jupons blancs, pour Madt et Mesdelles, à 15. | 90 | | | | | |
| " | | Viande, 1.45 — Légumes, 0.60 — Beurre, 1.15 | 3 20 | 3 20 | | | | |
| 10 | | Melon, 1.30 — Pot-au-feu, 1.10 — Salade, 0.15 | 2 55 | 2 55 | | | | |
| 12 | | 3 pince-taille, pour Madt et Mesdelles | 75 | | | | | |
| " | | Somme prélevée par Me 25.. — Eau de seltz, 0.30 | 25 30 | 0 30 | | | | |
| 14 | | Bains, 2.50 — Conscription pr les incendies, 10.. | 12 50 | | | | | |
| 15 | | Avancé à Augustine, sur son gage | 10 | | | | | 10 |
| " | | Viande, 1.20 — Cerises, 0.15 — Salade, 0.20 — Sel, 0.15 | 1 50 | 1 50 | | | | |
| 16 | | Note de l'ébéniste, pour réappropriation des meubles | 10 75 | | | | 10 75 | |
| " | | Étamage d'une glace, 22.75 — Encadrement de portraits, 5.. | 27 75 | | | | 27 75 | |
| " | | Reste en Caisse .... 26.10.. | 478 10 | | | | | |
| 18 | | Canne en parapluie pour Mr | 24 50 | | | | | |
| " | | Encre, plumes, papier à lettre et cacher | 2 20 | | | | | |
| 20 | 300 | Somme reçue de la Caisse commerciale | | | | | | |
| " | | Remis, en compte, à M. Moreau, cordonnier | 20 | | | | | |
| " | | Reçu du dit sieur Moreau, 1 paire de bottes pr Me | | | | | | |
| 22 | | Viande 1.50 — Légumes 0.45 — Vinaigre, 0.30 | 2 45 | 2 45 | | | | |
| " | | Payé à MM Greslon, frères, pour solde | 65 | | | | | |
| " | | Remis, en compte, à M. Bellon, aîné | 60 | | | | | |
| | 806 20 | Reste en Caisse, 153.05 | 652 25 | 16 30 | 112 50 | | 38 50 | 10 |

| Jour | Mois de Juillet 1865 | Frais divers, Menus-plaisirs, Voyages, Gratifications, Étrennes, &c | Dépenses personnelles & entretien des membres de la famille | [réf.] | Montant des objets achetés à crédit | Payement des objets achetés à crédit |
|---|---|---|---|---|---|---|
| 4 | Report. — Reste en Caisse, 344.65 — Dette, 609.. | 60 | 44 | | 94 | 32 70 |
| " | Reçu de Madt Hémard, un habillement pour Paul | | 38 | 7.8 | 38 | |
| 6 | Payé un registre. frais de ménage | 6 | | | | |
| 7 | 2 corsages blancs, pour Mesdelles, et 2 ceintures blanches | | 28 | 8.6 | | |
| " | 3 corsets pour Madt et Mesdelles, à 8.. f.um | | 24 | 7.8 | | |
| 8 | 6 jupons blancs, pour Madt et Mesdelles, à 15. | | 90 | 7.8 | | |
| " | Viande, 1.45 — Légumes, 0.60 — Beurre, 1.15 | | | | | |
| 10 | Melon, 1.30 — Pot-au-feu, 1.10 — Salade, 0.15 | | | | | |
| 12 | 3 pince-taille, pour Madt et Mesdelles | | 75 | | | |
| " | Somme prélevée par Me 25.. — Eau de seltz, 0.30 | | 25 | 7.8 | | |
| 14 | Bains, 2.50 — Conscription pr les incendies, 10.. | 12 50 | | 6 | | |
| 15 | Avancé à Augustine, sur son gage | | | | | |
| " | Viande, 1.20 — Cerises, 0.15 — Salade, 0.20 — Sel, 0.15 | | | | | |
| 16 | Note de l'ébéniste, pour réappropriation des meubles | | | | | |
| " | Étamage d'une glace, 22.75 — Encadrement de portraits, 5.. | | | | | |
| " | Reste en Caisse .... 26.10.. | | | | | |
| 18 | Canne en parapluie pour Mr | | 24 50 | 6 | | |
| " | Encre, plumes, papier à lettre et cacher | 2 20 | | | | |
| 20 | Somme reçue de la Caisse commerciale | | | | | |
| " | Remis, en compte, à M. Moreau, cordonnier | | | 1 | | 20 |
| " | Reçu du dit sieur Moreau, 1 paire de bottes pr Me | | 22 | 6.1 | 22 | |
| 22 | Viande 1.50 — Légumes 0.45 — Vinaigre, 0.30 | | | | | |
| " | Payé à MM Greslon, frères, pour solde | | | 4 | | 65 |
| " | Remis, en compte, à M. Bellon, aîné | | | 2 | | 60 |
| | Reste en Caisse, 153.05 | 80 70 | 370 50 | | 154 | 177 70 |

## Mois de Juillet 1865

| Recettes | Mois de Juillet 1865 | Total des Payements | Nourriture | Chauffage, Éclairage, Loyer, Impôts, Abonnements, Assurances | Mobilier commun — Augmentation | Mobilier commun — Entretien | Gages des Serviteurs | Frais divers, Menus plaisirs, Voyages, Gratifications, Étrennes &c | Dépenses personnelles des membres de la famille | Frais de Lavage | Montant des objets achetés à crédit | Payements sur objets achetés à crédit |
|---|---|---|---|---|---|---|---|---|---|---|---|---|
| 806 20 | Report — Reste en Caisse, 153.93 — Dette, 675.25 | 652 25 | 16 30 | 112 50 |  | 38 50 | 10 . | 80 70 | 370 50 |  | 154 . | 177 75 |
|  | Reçu de Madme Degris, 2 douz. de chaussettes p. Mde |  |  |  |  |  |  |  | 22 . | 6.4 | 22 . |  |
|  | " de M. Guillard, 4 paires de bas pour Paul |  |  |  |  |  |  |  | 6 50 | 7.4 | 6 50 |  |
|  | Viande, 1.20 — pommes de terre, 0.30 — Salade, 0.10 | 1 60 | 1 60 |  |  |  |  |  |  |  |  |  |
|  | Chocolat, 2.50 — Sirop de café, 4.. — Saladier, 1.10 | 7 60 | 6 50 |  |  | 1 10 |  |  |  |  |  |  |
|  | Terrines, 4.50 — Savon, 1.75 — Œufs, 0.80 | 7 05 | 0 80 |  |  | 6 25 |  |  |  |  |  |  |
|  | Poisson, 1.80 — Gâteau, 1.25 — Café, 0.50 | 3 55 | 3 55 |  |  |  |  |  |  |  |  |  |
|  | Souscription en faveur des victimes de Chaumont | 10 . |  |  |  |  |  | 10 . |  |  |  |  |
|  | Viande, légumes en salade, 2.15 — huile à brûler, 0.70 | 2 85 | 2 15 | 0 70 |  |  |  |  |  |  |  |  |
|  | Note du boulanger, 20.30 — du boucher, 18.15 | 38 45 | 38 45 |  |  |  |  |  |  |  |  |  |
|  | " de l'épicier, 14.50 — de la fruitière, 11.20 | 25 70 | 25 70 |  |  |  |  |  |  |  |  |  |
|  | " du charcutier, 6.15 — de la laitière, 4.90 | 11 05 | 11 05 |  |  |  |  |  |  |  |  |  |
|  | Solde du gage d'Augustine, 15.. — Blanchisseuse, 11.75 | 26 75 |  |  |  | 11 75 | 15 . |  |  |  |  |  |
| 806 20 | **Totaux du mois** | 786 85 | 106 10 | 113 20 | - . | 57 60 | 25 . | 90 70 | 399 . |  | 182 50 | 177 75 |
| 3226 . | Dépense et Dette à fin Juin | 3226 . | 1007 05 | 350 85 | 384 50 | 435 35 | 150 . | 158 70 | 1209 80 |  | 637 75 | " . |
|  | Totaux du 1er Janvier à ce jour | 4012 85 | 1113 15 | 464 05 | 384 50 | 492 95 | 175 . | 249 40 | 1608 80 |  | 820 25 | 177 75 |
| 19 35 | Situation : Reste en Caisse en somme Due | 19 35 |  |  |  |  |  |  |  |  | " . | 642 50 |
| 4032 20 |  | 4032 20 |  |  |  |  |  |  |  |  |  | 820 25 |

## Août 1865

| Recettes | | |
|---|---|---|
| 19 35 | Reste en Caisse —— Dette, 642.50 | |

# Opérations à faire faire aux élèves, à la fin de chaque mois, pour les habituer à vérifier leurs écritures.

1.º Preuve d'exactitude des additions de la Caisse.  2.º Preuve d'exactitude de la situation résultant de la balance mensuelle des dettes.  3.º Relevé de la situation particulière de chacun des comptes, non soldés, du Grand-Livre; devant toujours donner un total égal à la dette.

## 1.er Preuve d'exactitude des additions de Juillet.

Règle à suivre : Les dépenses du mois, jointes aux sommes payées sur les achats à crédit, doivent fournir une somme égale au total des payements, augmenté des achats à crédit.

| | |
|---|---:|
| Nourriture | 106.10 |
| Chauffage, éclairage, loyer, impôts, etc. | 113.20 |
| Augmentation du mobilier à usage commun | |
| Entretien du dit mobilier | 57.60 |
| Gage de la bonne | 25. |
| Frais divers ou facultatifs | 90.70 |
| Dépenses personnelles des membres de la famille | 399. |
| Dépense de Juillet | 791.60 |
| Payements faits sur achats à crédit | 177.75 |
| Total | 969.35 |

| | |
|---|---:|
| Total des paiements | 786.85 |
| Achats faits à crédit | 182.50 |
| Total | 969.35 |

## 2.e Preuve d'exactitude de la balance ou situation à fin Juillet.

Règle à suivre : La réunion des dépenses faites ou de la dette provenant de l'année précédente, doit être égale au total des payements, augmenté de la dette actuelle.

Ou la différence qui existe entre le total des paiements effectués ou la réunion des dépenses faites ou des dettes de l'année précédente, doit représenter la dette existante.

| | — 1.er Moyen — | — 2.e Moyen — |
|---|---:|---:|
| Nourriture | 1 115.15 | 1 115.15 |
| Chauffage, éclairage, etc | 464.05 | 464.05 |
| Augmentation du mobilier | 384.50 | 384.50 |
| Entretien d° | 492.95 | 492.95 |
| Gages de la bonne | 175. | 175. |
| Frais divers | 249.40 | 249.40 |
| Dépenses personnelles | 1 608.80 | 1 608.80 |
| Total depuis le 1er Janvier | 4 487.85 | 4 487.85 |
| Dette à fin 1864 | 167.50 | 167.50 |
| — Réunion | 4 655.35 | 4 655.35 |
| Payements effectués | 4 012.85 | 4 012.85 |
| Dette actuelle | 642.50 | |
| Somme égale | 4 655.35 | Reste à payer 642.50 |

## 3.e Vérification des comptes du Grand-Livre.

Personnes auxquelles nous devons.

| §. | | |
|---|---|---:|
| 1 | M. Dronon | 44. |
| 1 | M. Moreau | 48.50 |
| 2 | M. Joffroy | 100. |
| 2 | M. Bellon, aîné | 50. |
| 2 | M. Isabern | 140. |
| 2 | M. Adnot | 25.50 |
| 3 | M. Evrard | 18. |
| 4 | M. Quellard | 6.50 |
| 4 | M.e Degas | 22. |
| 5 | M. Husson | 50. |
| 5 | M.e Himard | 38. |
| | Total égal à la dette inscrite | 642.50 |

Vérification des dépenses personnelles et d'entretien des membres de la famille.

| §. | | |
|---|---|---:|
| 6 | Monsieur | 498.30 |
| 7 | Madame | 258.50 |
| 7 | M. Paul | 406.20 |
| 8 | M.lle Zoé | 220.25 |
| 8 | M.elle Clémence | 225.55 |
| | Total égal à celui de la Caisse | 1 608.80 |

## M.ᵣ Drouot. March.ᵈ de Nouveautés.
### Rue Notre-Dame 75 en ville.

| Date | Désignation | Doit | Avoir |
|---|---|---|---|
| 31 Xbre 1861 | Sa facture | | 36 75 |
| 13 Janvier 1865 | Mon versement, En espèces pour solde | 36 75 | |
| 3 Juillet | 2 Echarpes | | 44 |

## Mde Martin, Modiste.
### Rue Urbain IV. 68.

| Date | Désignation | Doit | Avoir |
|---|---|---|---|
| 31 Xbre 1864 | Son relevé de Compte | | 130 75 |
| 13 Janvier 1865 | M/R. Espèces, pour solde de 1864 | 130 75 | |
| 30 Mai | Sa facture | | 32 75 |
| 2 Juillet | M/R. Espèces, pour solde | 32 75 | |

## Mesdelles Ballot, Mercières, r. N.D. 79

| Date | Désignation | Doit | Avoir |
|---|---|---|---|
| 2 avril 1865 | leur facture de ce jour | | 35 45 |
| 11 Mai | M/R. espèces pour solde | 35 45 | |

## M.ᵣ Moreau, Cordonnier, r. du T. 9

| Date | Désignation | Doit | Avoir |
|---|---|---|---|
| 30 Mai 1865 | Une paire de souliers p. Mr | | 18 » |
| 11 Juin | Bottines pour Mad.e | | 16 » |
| 11 | - pour Melle Clémence | | 12 50 |
| 20 Juillet | M/R. espèces, en compte | 20 » | |
| | Une paire de bottes p. Mr | | 18 » |
| | | 20 » | 65 50 |

Mr Joffroy, Md de vin, aux Riceys.    2    Mr Oudin-Doyen, Md de nouveautés.
                                                  Rue Notre-Dame, 95.

| | | Doit | Avoir | | | | Doit | Avoir |
|---|---|---|---|---|---|---|---|---|---|
| 2 Janvier 1865 | Son envoi d'une pièce de vin | " | 55 | 13 Janvier 1865 | 7ˢ de Repos, à 0.25 | | | | 22 | 75 |
| 31 Mars | Payé sa traite | 55 | " | 28 Février | M/ V. en espèces, pour solde | 22 | 75 | |
| 1 Juin | Son envoi de 4 pièces de vin | " | 200 | | | | |

Mr Bellot, Aimé, tapissier, R. N. 87. 91.    Mr Habert, Md de bois, en ville

| | | Doit | Avoir | | | | Doit | Avoir |
|---|---|---|---|---|---|---|---|---|---|
| 3 Mai 1865 | Un matelas ou un sommier | " | 110 | 5 Juin 1865 | 10 stères de gros bois, à 14. | " | 140 |
| 22 Juillet | M. Versement en Compte. | 60 | " | | | | |

**Mr Briller-Collet**, Md Épicier.  
Rue du Temple, 16.

| Date | Libellé | Doit | | Avoir | |
|---|---|---|---|---|---|
| 1er Janvier 1865 | Sa facture, (sucre et café) | " | " | 23 | 45 |
| 31 | M/ Versement, en espèces p. solde | 23 | 45 | " | " |

**Mr Cotteret-Pougial**, Ébéniste.  
Rue Champeaux, 32.

| Date | Libellé | Doit | | Avoir | |
|---|---|---|---|---|---|
| 19 Janvier 1865 | Sa facture, p. échange secrétaire | " | " | 92 | " |
| 30 Mars | M/R. espèces | 32 | " | " | " |
| 2 Avril | S/ fact. (secrétaire et 1 table demie) | " | " | 114 | " |
| 12 Mai | M/R. espèces, en compte | 64 | " | " | " |
| 2 Juin | Un secrétaire | " | " | 80 | " |
| 30 | M, R. espèces, pour solde | 130 | " | " | " |
| | | 194 | " | 194 | " |

**Mr Arnou**, Md de parapluies.

| Date | Libellé | Doit | | Avoir | |
|---|---|---|---|---|---|
| 11 Juin 1865 | 3 Parapluies, à 8.50 | " | " | 25 | 50 |

**Mr Evrard**, Md de bonneterie.

| Date | Libellé | Doit | | Avoir | |
|---|---|---|---|---|---|
| 11 Juin 1865 | 6 paires de manches | " | " | 18 | " |

## Mrs Greslon, frères, Mds tailleurs.
### Place de la Banque, 13.

| Date | | Doit | Avoir |
|---|---|---|---|
| 1 Février 1865 | S/f. pr habillements de Mr | | 140 " |
| 30 Mars " | M/R. espèces, à valoir | 60 " | |
| 20 Mai " | Paletot d'été pour Mr | | 65 " |
| 31 " | M/R. espèces, p. solde de S/fe du 1er février | 80 " | |
| 22 Juillet " | " " pour solde | 65 " | |

## Mr Quellard, Md de bonneterie

| Date | | Doit | Avoir |
|---|---|---|---|
| 23 Juillet 1865 | Sa fact., 4 paires de bas d'enfants | " " | 6 50 |

## Made Degris, Mde de bonneterie.
### Rue du Bois.

| Date | | Doit | Avoir |
|---|---|---|---|
| 11 Mars 1865 | Sa facture, 6 p. de bas | " " | 25 50 |
| 12 Mai " | M/ Versements en espèces, p. solde | 25 50 | " " |
| 22 Juillet " | 2 douz. de chaussettes | " " | 22 " |

| M<sup></sup> Husson, Photographe<br>Rue du Temple, 21. | | | Mad<sup>e</sup> Hémard, M<sup>de</sup> d'habits confectionnés. | | |
|---|---|---|---|---|---|
| 2 Juillet 1865 | 6 dem portraits, cartes de visites | 50 » | 4 Juillet 1865 | habillement pour Paul. | 38 » |

# Monsieur.

(Compte de ses dépenses particulières et de son entretien). Doit  Avoir                                                                 Doit  Avoir

| Date | Désignation | Doit | | Avoir | |
|---|---|---|---|---|---|
| 12 Janvier 1865 | Son prélèvement, en espèces. | 30 | " | 30 | " |
| 1 Février " | Paletot, pantalon et Gilet. ( fact. Ijronion frères) | 140 | " | 140 | " |
| 11 Mars " | 3 Cravattes et 6 paires de chaussettes | 17 | 80 | 17 | 80 |
| 6 Avril " | 6 Chemises payées à M. Pigeotte | 67 | 50 | | |
| 30 " " | Son prélèvement en espèces | 40 | " | 107 | 50 |
| 11 Mai " | Un chapeau noir | 14 | " | | |
| 20 " " | Paletot d'été | 65 | " | | |
| 30 " " | Une paire de souliers | 18 | " | 97 | " |
| 19 Juin " | Un chapeau de paille | 12 | 50 | 12 | 50 |
| 12 Juillet " | Son prélèvement en espèces | 25 | " | | |
| 13 " " | Une canne et un parapluie | 24 | 50 | | |
| 20 " " | Une paire de bottes | 22 | | | |
| 22 " " | 2 douz. de chaussettes, à 11 - | 22 | " | 93 | 50 |
| | Total à fin Juillet. | 498 | 30 | 498 | 30 |

## Madame.
### (Ses frais et son entretien.)

| Date | Désignation | Doit | Avoir |
|---|---|---|---|
| 27 Février 1865 | Un chapeau | 24 75 | 24 75 |
| 11 Mars " | 6 paires de bas (facture de Madt Degris) | 25 50 | 25 50 |
| 13 Mai " | Une robe, fantaisie | 46 " | |
| 30 " " | Diverses coiffures, (facture de Madt Martin) | 32 75 | 78 75 |
| 4 Juin " | Une paire de bottines | 16 " | |
| 11 " " | Une ombrelle | 8 50 | |
| 18 " " | Vêtement d'Été | 42 " | 66 50 |
| 7 Juillet " | Un corset | 8 " | |
| 8 " " | 2 jupons blancs à 15f | 30 " | |
| 12 " " | 1 pince-taille | 25 " | 63 " |
| Total à fin Juillet | | 258 50 | 258 50 |

## M. Paul.
### (Ses frais et son entretien.)

| Date | Désignation | Doit | Avoir |
|---|---|---|---|
| 16 Février 1865 | Une paire de souliers | 6 50 | 6 50 |
| 12 Mars " | Une paire de gants ou 2 paires de bas | 7 95 | |
| 15 " " | 1 gilet | 4 25 | |
| 22 " " | Une casquette | 3 25 | 15 45 |
| 10 Avril " | Une paire de bas rayés | 2 55 | |
| " " " | Une paire de bottines | 6 " | |
| 15 " " | Un semestre de pension, échéant à Pâques | 320 " | |
| 26 " " | Une blouse | 3 75 | 332 30 |
| 13 Mai " | Un chapeau de paille | 7 " | 7 " |
| 16 Juin " | Raccommodage de souliers | 0 45 | 0 45 |
| 4 Juillet " | habillement d'Été (Fr Bernard) | 38 " | |
| 23 " " | 4 paires de bas | 6 50 | 44 50 |
| Total à fin Juillet | | 406 20 | 406 20 |

## M<sup>elle</sup> Zoé.
*(Ses frais en son entretien).*

| Date | | Désignation | Doit | Avoir |
|---|---|---|---|---|
| 2 Février 1865 | | Une crinoline | 12 50 | |
| 4 | " | Une garniture de chapeau | 4 25 | 16 75 |
| 10 Mars | " | Une paire de bottines | 14 . | |
| 26 | " | Carcasse, velours en fournitures, pr un chapeau | 13 75 | |
| 28 | " | 2 Cols | 4 75 | 32 50 |
| 6 Avril | " | Fournitures diverses, pour coiffures | 5 25 | |
| 11 | " | Étoffes en garnitures pour robe bleue | 32 35 | |
| 26 | " | Façon de robe bleue | 4 20 | 41 80 |
| 24 Mai | " | 6 paires de bas | 12 70 | 12 70 |
| 11 Juin | " | Une ombrelle, 8.50 - 3 paires de manches, 9.. | 17 50 | 17 50 |
| 3 Juillet | " | Une écharpe ( fte Drenou ). | 22 . | |
| 7 | " | Corsage blanc en ceinture bleue | 14 . | |
| " | " | Un corset | 5 . | |
| 8 | " | 2 jupons blancs, à 15.. | 30 . | |
| 12 | " | 1 pince-taille. | 25 . | 99 . |
| | | **Total, à fin Juillet** | 220 25 | 220 25 |

## M<sup>elle</sup> Clémence.
*(Ses frais en son entretien).*

| Date | | Désignation | Doit | Avoir |
|---|---|---|---|---|
| 2 Février 1865 | | Un Chapeau | 18 . | 18 . |
| 15 Mars | " | Une guimpe | 1 30 | |
| 24 | " | Une paire de bas blancs | 4 25 | |
| 26 | " | Carcasse, velours en fournitures p. un chapeau | 13 75 | |
| 28 | " | 2 Cols | 4 75 | 24 05 |
| 6 Avril | " | Fournitures diverses, pour coiffures | 5 25 | |
| 11 | " | Étoffe en garnitures pour robe bleue | 32 35 | |
| 26 | " | Façon de robe bleue | 4 20 | 41 80 |
| 24 Mai | " | 6 paires de bas | 12 70 | 12 70 |
| 11 Juin | " | Une paire de bottines | 12 50 | |
| " | " | Une ombrelle | 8 50 | |
| " | " | 3 paires de manches | 9 " | 30 . |
| 3 Juillet | " | Une écharpe ( fte Drenou) | 22 . | |
| 7 | " | Corsage blanc en ceinture bleue | 14 . | |
| " | " | Un corset | 8 " | |
| 8 | " | 2 jupons blancs, à 15.. | 30 " | |
| 12 | " | Un pince-taille | 25 . | 99 " |
| | | **Total à fin Juillet** | 225 55 | 225 55 |

# Répertoire.

**A.HA**

Habern, M? de bois &c.
Adnot, M? de parapluies, 3.

**B**

Briller, épicier, 3.
Ballon, M<sup>elles</sup>, Mercières, 1.
Bellon, aîné, Tapissier, 2.

**C**

Cotteren, Ébéniste, 3.
Clémence, Mad<sup>elle</sup>, 8.

**D**

Drouot, M? de nouveautés, 1.
Degris, Mad<sup>e</sup>, M<sup>de</sup> de bonneterie, 4.

**E.HE**

**E.PH**

Évrard, M? de bonneterie, 3.
Rémard, Mad<sup>e</sup>, M<sup>de</sup> de confections, 5.

**G**

Greslon, frères, Tailleurs, 4.

**I.V.HI.HY**

**J**

Joffroy, M? de vin à Riceÿ, 2.

**K.O**

Quellard, M? de bonneterie, 4.

**L**

**M**
Martin, Mad.ᵉ Modiste, 1.
Monsieur, 6.
Madame, 7.
Moreau, Cordonnier, 1.

**N**

**O. HO**
Oudin-Doyen, en vº, 2.

**P**
Mᵉ Paul. 7.

**R**

**S**

**T**

**U. HU**
Husson, Photographe, 5.

**V. W**

**X**

**Z**
Mᵉˡˡᵉ Zoé 8.

# RENSEIGNEMENTS
## RÉSULTANT DES ÉCRITURES QUI PRÉCÈDENT
### Et devant être demandés aux Elèves pour les habituer à se rendre compte :

### 1° Sur la Caisse.

Pour indiquer que la Caisse peut être faite à volonté, sans travail préparatoire, nous l'avons arrêtée au 10 janvier, au 16 février et au 16 juillet, sans nous occuper des totaux des autres colonnes.

Ces trois exemples nous ont paru suffisants pour faire comprendre que l'addition des Recettes et des Payements, dans le cours d'une page, ne nuit ni au contrôle, ni aux renseignements.

| A chacune de ces trois dates : | 10 janvier, | 16 février, | 16 juillet, |
|---|---|---|---|
| Nos Recettes s'élèvent à............ | 225,75 | 200,00 | 506,20 |
| Et nos Paiements à................. | 154,55 | 140,30 | 478,10 |
| Reliquats inscrits sur la ligne des totaux, dans l'espace réservé au libellé............ | 71,20 | 60,30 | 28,10 |

Inutile de faire ressortir ici les reliquats de caisse inscrits au bas de chaque page et à la fin de chaque mois ; il nous suffit de prier les personnes chargées de l'enseignement de ne jamais laisser effectuer le report d'une page à l'autre, sans questionner les élèves sur le total des Recettes et des Payements, et sans exiger que la différence restant en caisse soit inscrite sur la ligne des totaux et répétée en tête de la page suivante, dans l'espace réservé au libellé.

L'exactitude des réponses ainsi obtenues des élèves sera d'autant plus facile à découvrir par la maitresse, que les feuilles des cahiers d'élèves ayant le même nombre de lignes que celles du guide, chaque page desdits cahiers devra se terminer par le même article que les écritures qui précèdent.

### 2° Sur la vérification des additions du Journal-Caisse.

#### RÈGLE CITÉE PRÉCÉDEMMENT.

La réunion des Dépenses doit égaler le total des Payements, augmenté des achats à crédit et diminué des versements effectués sur ces achats,

Ou le total des dépenses, joint à celui des versements faits sur les achats à crédit, doit égaler le total des Payements, augmenté du montant des objets achetés à crédit.

Au 20 janvier, au bas de la première page, nos additions produisent les totaux suivants :

| Nourriture............ | 173,55 | Total des Payements............ | 431,30 |
|---|---|---|---|
| Chauffage, éclairage, etc............ | 35,50 | Achats à crédit............ | 133,20 |
| Augmentation du mobilier............ | 65 » | | |
| Entretien id. ............ | 44,85 | Total............ | 564,50 |
| Gages des serviteurs............ | 12 » | | |
| Frais divers............ | 36,10 | Payements sur achats à crédit............ | 167,50 |
| Dépenses personnelles............ | 30 » | | |
| Réunion............ | 397 » | Reste............ | 397 » |

Ou bien encore :

| Total des Dépenses............ | 397 » | Total des Payements............ | 431,30 |
|---|---|---|---|
| Payements sur achats à crédit............ | 167,50 | Achats à crédit............ | 133,20 |
| Réunion............ | 564,50 | Somme égale............ | 564,50 |

L'égalité de ces résultats prouve l'exactitude des additions, mais ne conduit pas à conclure que les écritures soient complètes et exactes ; elles pourraient encore contenir des erreurs ou des omissions.

Si une erreur ou une omission s'était glissée sur une recette ou sur un payement, le reliquat de caisse indiqué ne serait pas conforme au chiffre qui existerait en espèces, et cela seul obligerait à des recherches qui feraient découvrir la vérité ;

Si une somme reçue n'était pas inscrite, ou l'était pour un chiffre trop faible, il resterait en caisse une somme supérieure à celle qu'indiquerait la balance ;

Si un payement n'était pas inscrit, ou l'était pour un chiffre trop faible, la somme restant en caisse serait inférieure à celle indiquée par le reliquat, etc., etc. ;

Si le reliquat résultant de la balance est égal à la somme en caisse, on peut être assuré qu'il n'existe aucune erreur ni omission sur les écritures relatives aux Recettes et aux Payements ; car il n'est pas supposable qu'il puisse se glisser, dans ces deux colonnes, deux erreurs ou omissions égales se compensant.

Mais si une erreur ou une omission s'est glissée sur l'inscription des achats à crédit, rien ne peut la faire découvrir, si ce n'est la comparaison des factures avec les chiffres inscrits.

Il est donc nécessaire, pour s'assurer de l'exactitude de ses écritures, de conserver avec soin les factures qui constatent les achats à crédit, comme il est utile de garder celles qui sont acquittées, tant pour aider à découvrir des erreurs de caisse, que pour justifier des payements, au besoin.

Le moyen le plus simple à employer, pour conserver les factures du ménage, consiste à en faire deux liasses, une pour les factures à payer et l'autre pour celles acquittées.

Quand on inscrit une facture, on doit la marquer d'un signe qui rappelle son inscription ; cette précaution, passée à l'état d'habitude, oblige à s'occuper des factures reçues, et entraîne à la vérification des chiffres écrits, en même temps qu'elle évite les omissions.

A fin janvier, nous obtenons les totaux suivants :

| Recettes ............ | 625,75 } | | |
|---|---|---|---|
| Payements ............ | 575,15 } | Il nous reste en caisse.... | 50,60 |
| Nourriture............ | 249,80 | Total des Payements............ | 575,15 |
| Chauffage, éclairage, etc............ | 38,65 | Achats à crédit............ | 133,20 |
| Augmentation de mobilier............ | 77 » | | |
| Entretien id. ............ | 73,85 | Total............ | 708,35 |
| Gages des serviteurs............ | 12 » | | |
| Frais divers............ | 36,10 | Payements sur achats à crédit............ | 190,95 |
| Dépenses personnelles............ | 30 » | | |
| Total............ | 517,40 | Reste............ | 517,40 |

Ces vérifications ont l'avantage, tout en renseignant sur l'exactitude des écritures, de faire connaître le chiffre total des frais. — Nous remarquons, ici, qu'ils se sont élevés, en janvier, à 517 fr. 40.

Si notre position ne nous permet pas de dépenser 500 fr. par mois, nous nous verrons obligés d'étudier nos frais obligatoires des mois suivants, pour éviter l'accroissement de notre dette, et de rechercher, dans les diverses colonnes de notre journal, les articles sur lesquels nous aurions pu faire quelques économies.

Ces recherches nous conduiront, pour l'avenir, à restreindre nos dépenses sur les chapitres qui peuvent subir des réductions, et nous habitueront à régler le total de chaque colonne sur nos ressources, sans pour cela nous contraindre à la privation.

Nos goûts et nos désirs, au lieu de grandir démesurément, sauront s'arrêter à la limite tracée par le produit de nos revenus et de notre travail, et loin de grossir nos dettes, nous nous efforcerons de les éteindre, afin de pouvoir, à un moment donné, nous offrir, sans surcroît de gêne, l'objet qui nous fait défaut.

Nous renoncerons à imiter les personnes que la fortune a plus favorisées que nous, et nous parviendrons insensiblement à ne compter qu'avec nous-mêmes, sans nous occuper d'autrui.

**Mois de février.**

Nos recettes s'élèvent à............ 350,60 }  
Nos payments à.................. 320,55 }  Reste en caisse.................. 30,05

DÉPENSES :

|  | 1er moyen. | 2e moyen. |
| --- | --- | --- |
| Nourriture.................. | 105,50 | 105,50 |
| Chauffage, éclairage, etc.............. | 4,35 | 4,35 |
| Augmentation du mobilier.............. | » » | » » |
| Entretien     id. .............. | 83,95 | 83,95 |
| Gages des serviteurs.............. | 38 » | 38 » |
| Frais divers.............. | » » | » » |
| Dépenses personnelles.............. | 206 » | 206 » |
| Dépense totale de février........ | 437,80 | 437,80 |

Total des Payements...... 320,55     Payements sur achats à crédit...... 22,75  
Achats à crédit.............. 140 »                                              400,55  
Ensemble............ 400,55         Total des Payements...... 320,55  
Payements sur achats à crédit...... 22,75     Achats à crédit............ 140 »  
Reste égal à la dépense........ 437,80     Somme égale............ 400,55

**A fin février, réunion des deux mois.**

Recette totale............ 923,75 }  
Payements ................. 805,70 }  Reste en caisse........ 30,05

DÉPENSES :

Nourriture .................. 355,30          Total des Payments........ 895,70  
Chauffage, éclairage, etc............ 43 »    Achats à crédit { janvier 133,20 } .. 273,20  
Augmentation du mobilier.......... 77 »                       { février 140 » }  
Entretien     id.    ........... 157,80                                               1168,90  
Gages des serviteurs.............. 50 »  
Frais divers .............. 30,40            Payements sur { janvier 190,95 } .. 213,70  
Dépenses personnelles.............. 236 »    achats à crédit { février 22,75 }  
                                  955,20      Reste égal à la dépense..... 955,20

Cette dernière preuve, faite après la réunion de plusieurs mois, n'est pas nécessaire, puisque les totaux qui la composent ont été vérifiés séparément ; nous ne la signalons que pour indiquer comment on peut l'obtenir.

Au lieu d'ajouter au total des Payements les achats à crédit, et d'en retrancher les versements effectués sur ces achats, on pourrait, si la dette est augmentée depuis l'ouverture des écritures, ajouter audit total l'augmentation, et si elle est diminuée, en retrancher la diminution, ou, enfin, ajouter au même total la dette actuelle, et en retrancher celle qui existait au 1er janvier.

Ces deux manières d'opérer conduisent au même résultat.

Nous continuons les mêmes exercices jusqu'à la fin de nos écritures, afin de permettre aux maîtresses de s'assurer, sans aucun calcul, de l'exactitude des chiffres qu'obtiendront les élèves.

Nous négligeons de rappeler les totaux partiels qui se trouvent à leur date respective, pour n'opérer que sur les réunions.

**Au 25 mars, au bas de la page :**

Nos dépenses s'élèvent à............ 157,60        Total des Payements....... 132,10  
Payements sur achats à crédit...... » »           Achats à crédit.................. 25,50  
Total.............. 157,60                         Somme égale.......... 157,60

**A fin mars :**

Dépenses du mois.................. 248,75         Total des Payements....... 370,25  
Payements sur achats à crédit...... 147 »         Achats à crédit.................. 25,50  
Total............ 395,75                          Somme égale.......... 395,75

**Au 15 avril, au bas de la page :**

Total des dépenses........ 881,25                 Total des Payements....... 731,80  
Payements sur achats à crédit...... » »           Achats à crédit.................. 149,45  
Réunion............ 881,25                         Somme égale.......... 881,25

**A fin avril.**

Dépenses du mois.................. 1060,25        Payements du mois.............. 910,80  
Payements sur achats à crédit...... » »           Achats à crédit.................. 149,45  
Total............ 1060,25                          Somme égale........ 1060,25

**Au 30 mai, à la fin de la page :**

Total des dépenses........ 398,70                 Total des Payements....... 297,90  
Payements sur achats à crédit........ 124,95      Achats à crédit.................. 225,75  
Réunion............ 523,65                         Somme égale........ 523,65

**A fin mai :**

Dépenses du mois.................. 522,50         Payements du mois.... 501,70  
Payements sur achats à crédit....... 204,95       Achats à crédit.................. 225,75  
Total............ 727,45                           Somme égale........ 727,45

**Au 5 juin, au bas de la page :**

Total des dépenses.................. 419,70       Total des Payements....... 123,70  
Payements sur achats à crédit...... » »           Achats à crédit.................. 296 »  
Ensemble........ 419,70                            Somme égale........ 419,70

Au 30 juin, à la fin de la page :

| | | | |
|---|---|---|---|
| Total des dépenses......... | 800,75 | Total des Payements....... | 308,75 |
| Payements sur achats à crédit....... | » » | Achats à crédit.................... | 492 » |
| Réunion......... | 800,75 | Somme égale........ | 800,75 |

A fin juin .

| | | | |
|---|---|---|---|
| Dépenses du mois............... | 900,55 | Payements du mois............... | 547,55 |
| Payements sur achats à crédit..... | 130 » | Achats à crédit.................. | 492 » |
| Total......... | 1039,55 | Somme égale......... | 1039,55 |

Au 4 juillet, au bas de la page :

| | | | |
|---|---|---|---|
| Réunion des dépenses............. | 222,80 | Total des Payements...... | 161,55 |
| Payements sur achats à crédit....... | 32,75 | Achats à crédit.................... | 94 » |
| | 255,55 | | 255,55 |

Au 22 juillet, à la fin de la page :

| | | | |
|---|---|---|---|
| Total des dépenses......... | 628,50 | Total des Payements....... | 652,25 |
| Payements sur achats à crédit...... | 177,75 | Achats à crédit.................... | 154 » |
| | 806,25 | | 806,25 |

(Voir, sur la page qui sépare le Journal du Grand-Livre, la preuve de fin juillet )

| | | | |
|---|---|---|---|
| Réunion de nos dépenses des sept mois écrits.................. | 4487,85 | Total des Payements...... | 4012,85 |
| | | Notre dette à fin juillet............ | 642,50 |
| | | Total.......... | 4655,35 |
| | | Dette au 1er janvier............... | 167,50 |
| | | Reste égal à la dépense........... | 4487,85 |

### 3° Sur les situations mensuelles et leur comparaison avec les comptes particuliers du Grand-Livre.

*Règle à suivre :* La réunion des dépenses faites et de la dette antérieure doit être égale au total des Payements, augmenté de la dette actuelle — ou, la différence qui existe entre le total des Payements effectués et la réunion des dépenses faites et des dettes antérieures, doit représenter la dette existante.

A fin janvier :

| | 1er Moyen. | 2e Moyen. |
|---|---|---|
| Dépenses du mois | 547 40 | 547 40 |
| Dette de 1864 | 167 50 | 167 50 |
| Réunion | 684 90 | 684 90 |
| Payements effectués | 575 15 | 575 15 |
| Dette déclarée | 109 75 | |
| | 684 90 | Reste à payer..... 109 75 |

#### Créanciers.

| Folio de Grand-Livre. | | |
|---|---|---|
| 2 | Joffroy........................... | 55 » |
| » | Oudin............................ | 22 75 . |
| 3 | Cotteret.......................... | 32 » |
| | Total égal à la dette.............. | 109 75 |

A fin février :

1°. En considérant ce mois séparément :

| | 1er Moyen. | 2e Moyen. |
|---|---|---|
| Dépenses du mois | 437 80 | 437 80 |
| Dette à fin janvier | 109 75 | 109 75 |
| | 547 55 | 547 55 |
| Payements du mois | 320 55 | 320 55 |
| Dette déclarée | 227 » | |
| | 547 55 | Reste à payer..... 227 » |

#### Créanciers.

| | | |
|---|---|---|
| Folio 2 | Joffroy........................... | 55 » |
| — 3 | Cotteret.......................... | 32 » |
| — 4 | Greslon frères.................... | 140 » |
| | Total égal à la dette.............. | 227 » |

2°. En considérant les mois réunis (ce que nous ferons à l'avenir pour vérifier les additions des réunions de fin de mois).

Dépenses depuis le 1er janvier............................ 955 20 — 955 20
Dette de 1864.............................................. 167 50 — 167 50
                                              1122 70 — 1122 70

Total des payements ..................... 895 70 — 895 70
Dette déclarée............................ 227 »
                         1122 70    Reste à payer... 227 »

### A fin mars :

Dépenses depuis le 1er janvier ........................... 1203 95 — 1203 95
Dettes de 1864............................................ 167 50 — 167 50
                         1371 45 — 1371 45

Total des payements ..................... 1265 95 — 1265 95
Dette déclarée............................ 105 50
                         1371 45    Reste à payer.. 105 50

### Créanciers.

Folio 4 Greslon frères ............................... 80 »
— » Mme Degris................................... 25 50
                         Total.................... 105 50

### A fin avril :

Dépenses depuis le 1er janvier ........................... 2264 20 — 2264 20
Dette de 1864............................................. 167 50 — 167 50
                         2431 70 — 2431 70

Total des payements..................... 2176 75 — 2176 75
Dette déclarée............................ 254 95
                         2431 70    Reste à payer.. 254 95

Folio 1 Miles Ballot ................................. 35 45
— 3 Cotteret...................................... 114 »
— 4 Greslon frères................................ 80 »
— » Mme Degris ................................... 25 50
                         Total.................... 254 95

### A fin mai :

Dépenses depuis le 1er janvier............................ 2786 70 — 2786 70
Dette de 1864............................................. 167 50 — 167 50
                         2954 20 — 2954 20

Total des payements..................... 2678 45 — 2678 45
Dette déclarée............................ 275 75
                         2954 20    Reste à payer... 275 75

Folio 1 Mme Martin ................................. 32 75
— » M. Moreau ..................................... 18 »
— 2 Bellot aîné................................... 110 »
— 3 Cotteret..................................... 50 »
— 4 Greslon frères............................... 65 »
                         Total............... 275 75

A fin juin :

| | | |
|---|---|---|
| Dépenses depuis le 1er janvier | 3606 25 | 3696 25 |
| Dette de 1864 | 167 50 | 167 50 |
| | 3863 75 | 3863 75 |
| Total des payements | 3226 » | 3226 » |
| Dette déclarée | 637 75 | |
| | 3863 75 | Reste à payer ... 637 75 |

(Voir, pour fin juillet, à la suite du Journal-Caisse).

| | |
|---|---|
| Folio 1 Mme Martin | 32 75 |
| — » Moreau | 46 50 |
| — 2 Joffroy | 200 » |
| — » Bellot aîné | 110 » |
| — » Habert | 140 » |
| — 3 Adnot | 25 50 |
| — » Evrard | 18 » |
| — 4 Greslon frères | 65 » |
| Total | 637 75 |

Nous aurions pu, pour arriver au même résultat, indiquer une infinité d'autres moyens, aussi simples que ceux qui précèdent.

Nous nous sommes arrêté à ces deux derniers, parce qu'ils permettent de vérifier en même temps et la dette inscrite, et les additions faites à la fin de chaque mois, après la réunion des totaux des mois précédents ; avantage que beaucoup d'autres moyens n'offrent pas.

S'il ne s'agissait que de la vérification de la dette déclarée, le moyen employé, sur le Journal-Caisse, pour balancer la situation extérieure, à la fin de chaque page et de chaque mois, serait suffisant.

Il consiste à ajouter, aux achats à crédit du mois, la dette qui existait à la fin du mois précédent, et à retrancher de ce total les Payements faits sur les achats à crédit ; la différence représente la dette réelle.

EXEMPLE :

| | |
|---|---|
| Au 31 mai, la dette était de | 275,75 |
| Les achats à crédit de juin s'élèvent à | 492 » |
| Total | 767,75 |
| Payements de juin sur achats à crédit | 130 » |
| Reste à payer | 637,75 |

Pour que la dette soit toujours présente, nous conseillons de l'inscrire en tête de chaque page, à côté du reliquat de caisse, dans l'espace réservé au libellé.

Le rapprochement de ces deux sommes tient constamment l'attention en éveil sur la situation.

#### 4° Sur les comptes personnels des membres de la famille.

Toutes les dépenses faites ou occasionnées par les membres de la famille étant reportées sur les comptes spéciaux ouverts à cet effet, au Grand-Livre, la réunion des totaux de tous ces comptes doit égaler le total de la colonne du Journal qui a pour titre : *Dépenses personnelles*, etc.

## VÉRIFICATION

| | Janvier | Février | Mars | Avril | Mai | Juin | Juillet | Réunion |
|---|---|---|---|---|---|---|---|---|
| Folio 6 Monsieur | 30 » | 140 » | 17 80 | 107 50 | 97 » | 12 50 | 93 50 | 498 30 |
| — 7 Madame | » » | 24 75 | 25 50 | » » | 78 75 | 66 50 | 63 » | 258 50 |
| — » Paul | » » | 6 50 | 15 45 | 332 30 | 7 » | » 45 | 44 50 | 406 20 |
| — 8 Mlle Zoé | » » | 16 75 | 32 50 | 41 80 | 12 70 | 17 50 | 90 » | 220 25 |
| — » Mlle Clémence | » » | 18 » | 24 05 | 41 80 | 12 70 | 30 » | 90 » | 225 55 |
| Totaux conformes à ceux du Journal | 30 » | 206 » | 115 30 | 523 40 | 208 15 | 126 95 | 399 » | 1608 80 |

Les personnes qui préféreraient arrêter leurs écritures de chaque mois, sans y ajouter les résultats des mois précédents, pourraient employer le tableau récapitulatif suivant, qui permet de comparer, sans aucune recherche, les Recettes, les Dépenses et les situations mensuelles.

| DÉSIGNATION des MOIS. | Recettes. | Payements. | Reliquats de caisse de fin de mois. | Nourriture. | Chauffage, éclairage, loyer, impôts, assurances, etc. | Augmentation du mobilier. | Entretien du mobilier. | Gages des serviteurs. | Frais divers. | Dépenses personnelles. | Total des dépenses. | Achats à crédit. | Payements sur achats à crédit. | Dette à la fin de chaque mois. |
|---|---|---|---|---|---|---|---|---|---|---|---|---|---|---|
| Situation à fin 1864 | 125 75 |  | 125 75 |  |  |  |  |  |  |  |  | 167 50 |  | 167 50 |
| 1865 Janvier | 500 » | 575 15 | 50 60 | 249 80 | 38 65 | 77 » | 73 85 | 12 » | 36 10 | 30 » | 517 40 | 133 20 | 190 95 | 109 75 |
| — Février | 300 » | 320 55 | 30 05 | 105 50 | 4 35 | » » | 83 95 | 38 » | » » | 206 » | 437 80 | 140 » | 22 75 | 227 » |
| — Mars | 356 45 | 370 25 | 16 25 | 78 50 | 15 30 | » » | 16 65 | » » | 23 » | 115 30 | 248 75 | 25 50 | 147 » | 105 50 |
| — Avril | 950 » | 910 80 | 55 45 | 108 30 | 108 20 | 117 50 | 09 05 | 50 » | 83 80 | 523 40 | 1000 25 | 149 45 | » » | 254 95 |
| — Mai | 450 » | 501 70 | 3 75 | 102 35 | 4 35 | 110 » | 57 60 | 25 » | 15 05 | 208 15 | 522 50 | 225 75 | 204 95 | 275 75 |
| — Juin | 550 » | 547 55 | 6 20 | 362 60 | 180 » | 80 » | 134 25 | 25 » | » 75 | 120 95 | 900 55 | 492 » | 130 » | 637 75 |
| — Juillet | 800 » | 786 85 | 19 35 | 106 10 | 113 20 | » » | 57 60 | 25 » | 90 70 | 399 » | 791 60 | 182 50 | 177 75 | 642 50 |
| | 4032 20 | 4012 85 |  | 1113 15 | 464 05 | 384 50 | 492 95 | 175 » | 249 40 | 1608 80 | 4487 85 | 1515 90 | 873 40 |  |

Quel que soit le moyen que l'on emploie, il est toujours facile de reconnaître ce que l'on a réellement dépensé, en ajoutant, soit à la fin du premier mois, soit en tête d'un tableau récapitulatif, soit à la fin des écritures de l'année, soit à la suite de l'inventaire, ou en tout autre endroit, le montant des objets d'approvisionnement que l'on possédait à l'ouverture des écritures, ou que l'on a pu recueillir depuis, tant pour la nourriture que pour le chauffage et l'éclairage, et retranchant, à la fin de l'année, le prix de ceux de ces objets qui ne sont pas consommés.

On peut aussi connaître constamment la valeur du mobilier à usage commun, en ajoutant à l'augmentation constatée par les écritures le prix des objets inventoriés ou recueillis, etc.

L'inventaire et les comptes des membres de la famille suffisent pour faire apprécier la valeur du mobilier personnel, etc.

Ces renseignements, qui sont toujours utiles, peuvent devenir nécessaires, surtout en cas d'accident ou de sinistre.

## Inventaire précédant l'ouverture de notre Journal-Caisse, et pouvant servir de modèle aux ménagères.

### INVENTAIRE AU 1er JANVIER 1865.

#### Chapitre 1er. — Meubles meublants.

| | |
|---|---|
| Deux couchettes en noyer verni, avec leur sommier, estimées 90 fr. l'une | 180 » |
| Une id. en fer, estimée | 12 » |
| Trois tables de nuit, en noyer verni, estimées 15 fr. l'une | 45 » |
| Une armoire en noyer verni, estimée | 80 » |
| Une commode — — | 65 » |
| Un secrétaire — — | 70 » |
| Une table ronde — avec cinq rallonges | 80 » |
| Un guéridon — | 12 » |
| Une table de cuisine, bois blanc, cadre et pieds en chêne, estimée | 8 » |
| Six chaises en merisier, couvertes en paille, estimées 2 fr. l'une | 12 » |
| Six — en noyer, couvertes en jonc, — 3 fr. 50 l'une | 21 » |
| Un fauteuil Louis XV, garni de velours vert, estimé | 50 » |
| Une chauffeuse tapissée, garnie de sa housse, — | 30 » |
| Une glace de 1m 20 sur 0m 96, sous cadre doré, à coins ronds | 85 » |
| Une — de 0m 99 sur 0m 78, — en chêne verni, à coins ronds | 55 » |
| Une pendule à sujet doré, montée sur socle en marbre blanc | 70 » |
| **Total** | **875 »** |

#### Chapitre 2. — Literie.

| | |
|---|---|
| Trois matelas, laine et crin, estimés 45 fr. l'un | 135 » |
| Deux lits de plume, estimés 50 fr. l'un | 100 » |
| Trois traversins et cinq oreillers, estimés ensemble | 55 » |
| Deux tours de lit, montés sur couronne, estimés 35 fr. l'un | 70 » |
| Deux descentes de lit, estimées ensemble | 10 » |
| Trois couvertures de laine, deux de coton et un couvre-lit, ensemble | 100 » |
| **Total** | **470 »** |

#### Chapitre 3. — Linge à usage commun.

| | |
|---|---|
| Vingt-quatre paires de draps, marqués B P, estimés 15 fr. la paire | 360 » |
| Six douzaines de serviettes en toile, marquées B P, estimées 10 fr. la douzaine | 60 » |
| Quatre nappes en toile, de différentes grandeurs, marquées B P, estimées ensemble | 25 » |
| Huit douzaines de torchons et essuie-mains, marqués B P, estimés 2 fr. 50 la douzaine | 20 » |
| Dix paires de rideaux de fenêtres, estimés 3 fr. la paire | 30 » |
| Cinq douzaines de mouchoirs de poche en tissus divers, ensemble | 25 » |
| Quinze taies d'oreiller, estimées ensemble | 15 » |
| **Total** | **535 »** |

### Chapitre 4. — Argenterie.

Six couverts d'argent, pesant ensemble     grammes, à ................... 210 »
Six — en Ruolz, estimés 6 fr. l'un.................... 36 »
Deux timballes en argent, pesant ensemble     grammes..................... 22,50
Quatre chandeliers en argent, à 10 fr. l'un..................... 40 »

                              Total.................. 308,50

### Chapitre 5. — Linge et objets personnels.

#### 1º. A l'usage de Monsieur :

Quatre douzaines de bonnes chemises de toile, marquées L. B., à 70 fr. la dne. 280 »
Une douzaine chemises usagées, en toile, marquées L. B. ........ 36 »
Dix chemises fines, marquées L. B., à 4,50 l'une . . . . . . . . . 27 »
Habits, coiffures, chaussures et hardes (les détailler autant que possible). 420 »
Une montre en argent avec sa chaîne. . . . . . . . . . . . . . . . . . 30 »
Un parapluie et deux cannes, ensemble . . . . . . . . . . . . . . . . 20 »            } 813 »

#### 2º. A l'usage de Madame :

Trois douzaines de chemises, marquées E. P., à 35 fr. la douzaine. . . . . 105 »
Deux douzaines de bas blancs, marquées E. P., nos 1 et 2, à 15 fr. la dne. 30 »
Huit jupons blancs, à 7 fr. l'un . . . . . . . . . . . . . . . . . . 56 »
Deux robes de soie (désigner leur couleur), à 70 fr. l'une. . . . . 140 »
Six robes (les désigner séparément), en moyenne à 25 fr. l'une. . . . . 150 »
Trois châles (les désigner séparément), ensemble. . . . . . . . . . . . 450 »      } 1406 »
Jupons de couleur, coiffures, chaussures, etc. (les détailler), ensemble . . 220 »
Un manchon. . . . . . . . . . . . . . . . . . . . . . . . . . . . . . . 45 »
Un parapluie, 18 fr.; une ombrelle, 12 fr. . . . . . . . . . . . . . . 30 »
Une montre en or avec sa chaîne. . . . . . . . . . . . . . . . . . . . 180 »
Etc., etc.

#### 3º. A l'usage de Mlle Zoé :

Détailler tous les objets qui lui sont personnels.................... 500 »

#### 4º. A l'usage de Mlle Clémence :

Détailler tous les objets qui lui sont personnels.................... 425 »

#### 5º. A l'usage de Paul, etc., etc...................... 240 »

                              Total.................. 3384 »

### Chapitre 6. — Batterie de cuisine, vaisselle et ustensiles de ménage.

Un pot, une marmite et trois coquelles, le tout en fonte, valant ensemble.......... 7,50
Trois chaudrons en cuivre, de différentes dimensions, estimés ensemble.............. 10 »
Six casserolles en cuivre étamé, estimées ensemble................... 15 »
Trois — en fer battu, et quatre couvercles en fer-blanc, ensemble.............. 3,50
Un seau en bois et un en zinc, ensemble.................... 2,50
Deux grils et trois trépieds en fer, — ................... 2,25
Un fourneau en fonte, à trois boîtes, avec réservoir à eau, estimé.................. 45 »
Un bloc, un couperet, un grand couteau, estimés ensemble..................... 8 »
Trois casserolles en terre et cinq soupières en faïence, ensemble.................... 3,25
Quatre douzaines d'assiettes et huit plats, le tout en porcelaine................... 18 »
Poterie et vaisselles diverses.................... 15 »

                              A reporter.............. 136 »



Une poche, une écumoire et douze couverts en fer battu, ensemble.................. 5 »
Une cafetière, une théière et un filtre, ensemble.................... 3,75
Douze tasses à café, six tasses à thé et huit bols en porcelaine.................... 12 »
Deux carafes en verre, vingt grands verres et dix petits, ensemble.................... 8 »
Cent cinquante bouteilles vides.................... 27 »
Chenets, pelles, pincettes, soufflet, balai d'âtre, ensemble.................... 15 »
Une brouette et une échelle.................... 18 »

                              Total..................... 224,75

### Chapitre 7. — Objets d'approvisionnement.

#### 1º. Pour la nourriture :

Une pièce et une feuillette de vin, valant ensemble . . . . . . . . . . . 80 »
Une feuillette de cidre . . . . . . . . . . . . . . . . . . . . . . . 30 »
Trente litres de liqueurs diverses, à 2,50 . . . . . . . . . . . . . . . 75 »
Cinquante bouteilles de vin vieux, à 1 fr. . . . . . . . . . . . . . . . 50 »            } 278,25
Vingt kilog. de porc salé, jambon compris, à 1,50 . . . . . . . . . . . 30 »
Deux kilog. de beurre et trois douzaines d'œufs . . . . . . . . . . . 6 25
Une douzaine de fromages . . . . . . . . . . . . . . . . . . . . . . . 7 »

#### 2º. Pour le chauffage et l'éclairage :

Quatre stères de bois de chauffage, à 12 fr. . . . . . . . . . . . . . . 48 »
Un sac de charbon de bois. . . . . . . . . . . . . . . . . . . . . . . 3 25      } 59,25
Huile à brûler, bougie et chandelle, pour. . . . . . . . . . . . . . . . 8 »

                              Total. . . . . . . . . . . 337,50

### Chapitre 8. — Caisse.

Somme existant dans la caisse du ménage.................................. 125,75

### Chapitre 9. — Dettes à payer.

A M. Drouot, marchand de nouveautés, sa facture du 15 décembre dernier............ 36,75
A Mme Martin, modiste, son relevé de compte de 1854.......................... 130,75

                              Total..................... 167,50

# RÉCAPITULATION

### Actif

| | | | |
|---|---|---|---|
| 1º. Mobilier à usage commun. Chap. 1er | 875 » | | |
| — 2 | 470 » | | |
| — 3 | 535 » | 2413 25 | |
| — 4 | 308 50 | | 5797 25 |
| — 6 | 224 75 | | |
| 2º. Mobilier personnel. Chap. 5 | 3384 » | | |
| 3º. Objets d'approvisionnement. Chap. 7 | 337 50 | | |
| 4º. Caisse. Chap. 8 | 125 75 | | |

                              Total. . . . . . . . . . . 6260 50

### Passif

Dettes. Chap. 9 . . . . . . . . . . . . . . . . . . . . . . . 167 50

Différence représentant l'actif net du ménage . . . . . . . . . . . . . . 0000 »

Nous n'essaierons pas de faire comprendre à nos lecteurs l'utilité des inventaires ; les résultats que ces opérations produisent sont trop importants pour que leur nécessité ait besoin d'être démontrée.

Il est peu de personnes, même parmi celles qui ont le moins d'ordre, qui n'éprouvent le désir de reconnaître, de temps à autre, les objets qu'elles possèdent, soit pour les examiner et se renseigner sur la destination qui pourra leur être assignée, soit pour les compter, dans le but de s'assurer de la fidélité des gens qui les entourent ; soit enfin pour les estimer, afin de comparer leur position intérieure de l'instant, avec celle qu'elles ont pu occuper à une autre époque, etc.

Conseiller aux ménagères de faire elles-mêmes, à des délais assez rapprochés, l'inventaire des objets qu'elles possèdent, et de le copier sur un petit livre spécial sur lequel elles prendraient note, entre chaque inventaire, des objets anéantis ou changés de destination, ainsi que de ceux qui leur parviendraient de dons ou de succession, etc.

C'est leur indiquer le moyen à employer pour être toujours renseignées sur l'état et l'importance de leur mobilier, sur les objets qui peuvent, sans préjudice pour une économie bien entendue, être remplacés par d'autres plus utiles ou plus convenables.

C'est leur apprendre à veiller à la conservation du linge, qui devra être numéroté, et à remarquer plus facilement l'absence de certains objets, dont le défaut de surveillance facilite la disparition.

C'est préparer, en cas d'accident, un obstacle à ces détournements dont ne sont que trop souvent victimes des héritiers absents, et en cas de sinistre, un guide pour la fixation de l'indemnité à prétendre, etc.

---

## Applications qui peuvent être faites du Livre des Frais de Ménage, en dehors de la destination déterminée par son titre.

L'organisation particulière et la simplicité du mécanisme du Livre des frais de ménage permettent d'étendre son application au-delà des écritures de la ménagère.

S'il en était autrement, si tous les frais, dont la distribution n'appartient pas directement à la femme, devaient être exclus de ce livre, tous les maris, quelle que soit leur situation de fortune, seraient obligés d'employer un livre spécial pour la gestion de leurs affaires, ce qui, dans bien des cas, multiplierait le travail sans augmenter les renseignements.

Nous ne conseillons pas l'emploi d'autres livres aux personnes qui n'ont à gérer aucune fortune particulière outre celle que leur procure leur profession, et qui peuvent, sans inconvénient, faire figurer toutes leurs recettes et toutes leurs dépenses sur le même livre.

Déjà, nous avons fait entrer dans notre cadre le loyer, les impôts personnels et mobiliers et les assurances mobilières, quoique ces dépenses, qui frappent tous les ménages, ne dépendent pas de la direction de la femme ; rien ne s'oppose à ce que, pour les petites fortunes, les impôts fonciers et les assurances d'immeubles viennent prendre place dans la même colonne, comme faisant partie des frais obligatoires ; il en est de même des rentes et des pensions à servir, des intérêts à payer à des créanciers, et des frais d'emprunts.

Les sommes empruntées se porteraient dans la colonne des Recettes et dans celle des objets achetés à crédit, comme les remboursements feraient partie du total des Payements et de la colonne des Payements sur objets achetés à crédit.

Quant aux placements, soit à la caisse d'épargne, soit ailleurs, on devrait les retrancher de la colonne des Recettes, puisqu'ils seraient prélevés sur les fonds encaissés, et les reporter au Grand-Livre, sur un compte spécial qui indiquerait l'importance des sommes placées ou prêtées.

Au lieu de les retrancher des Recettes, on pourrait les faire figurer dans le total des Payements et dans la dernière colonne de la situation extérieure ; mais nous ne conseillons pas de le faire ; leur présence, dans cette dernière colonne, aurait pour effet de faire disparaître le chiffre exact de la dette ; ce dont il faut bien se garder.

Nous aimons mieux voir notre dette ressortir au journal et le montant de nos créances actives au Grand-Livre que de voir ces deux choses, de nature opposée, se confondre et se voiler l'une l'autre, de manière à ne pouvoir être distinguées que par suite de longues recherches.

Si des Recettes ou des Dépenses, dont la cause est imprévue dans notre cadre, viennent y prendre place, nous conseillons de leur ouvrir des comptes au Grand-Livre, afin de pouvoir apprécier l'effet qu'elles produisent, et reconnaître exactement le chiffre de chacun des chapitres de nos dépenses ordinaires.

Il est des frais de maison qui peuvent se classer avec ceux du ménage, et desquels nous ne nous sommes point occupé, parce qu'ils ne font pas partie des frais ordinaires de tous les ménages ; tels que les gages de serviteurs nécessités par le train de maison, la profession ou une exploitation particulière, les frais de chasse, de pêche, la nourriture et l'entretien d'animaux domestiques, nécessaires ou de fantaisie, etc.

Si la gestion de la fortune est considérée comme n'étant pas assez importante pour nécessiter l'emploi d'un livre d'administration, ou si le chef de la maison veut se contenter d'une seule caisse, tous ces frais peuvent être inscrits sur le Livre des frais de ménage, et chacun dans la colonne qui se rapproche le plus de sa nature.

Les gages des serviteurs ont leur place désignée ; les frais de chasse ou de pêche feront partie des dépenses personnelles des membres de la famille qui se livreront à ces exercices ; la nourriture et l'entretien des animaux domestiques feront partie de l'entretien du mobilier, si ces animaux ont de la valeur et sont utiles à tous ; ils feront partie des frais divers s'ils ne servent que pour l'agrément de la famille, et s'ils ne sont destinés qu'à une personne seule, ils feront partie de son compte, etc.

Nous nous abstenons d'en dire davantage sur ce point, et laissons aux personnes qui voudront bien employer notre livre, le soin et la faculté de l'utiliser selon leur appréciation ; tous les cas particuliers ne pouvant être prévus.

Nous considérons le registre des frais de ménage comme très-utile aux dames de commerçants, son application permettant de faire disparaître des livres exigés par la loi une certaine quantité d'écritures que le législateur n'a pas imposées, et qu'à défaut de livres séparés, le bon ordre oblige à mêler aux écritures commerciales ;

Un grand nombre de petits comptes relatifs à des achats à crédit ne figureraient plus au Grand-Livre du commerce, et viendraient prendre, sur le Livre des frais de ménage, la place qui leur appartient, et, chaque année, disparaîtrait de l'inventaire commercial cette liste de petits créanciers du ménage, qui serait remplacée par le total de la dette résultant des écritures de la ménagère ; le chapitre du mobilier serait plus succinct et plus exact ; il figurerait en un seul chiffre, son détail existant sur l'inventaire du ménage.

Les frais généraux se trouveraient déchargés de toutes les dépenses relatives à la famille, et représenteraient bien mieux le chiffre des frais nécessités par le commerce.

TROYES — IMP. ET LITH. DUFOUR-BOUQUOT

# AVIS

[illegible] se charge de l'organisation de toute espèce de comptabilité; il traite à forfait, par correspondance ou sur place, et renonce [illegible] en cas de non réussite.

[illegible] disposition des Ménagères, des Mères de famille, des Maîtresses de pension et de toute personne désirant s'exercer à [illegible] du Ménage :

[illegible] cahiers cartonnés et lithographiés, conformes au modèle qui précède, et accompagnés d'un exposé succinct de la [illegible] méthode à suivre;

[illegible] registres lithographiés, solidement cartonnés, disposés pour contenir toutes les écritures d'un ménage pendant [illegible] plusieurs années.

### Ces Registres se divisent en deux séries :

[illegible] est relative aux ménages qui font toutes leurs acquisitions au comptant, et la seconde, à ceux qui achètent [illegible]

[illegible] se vendent, pris à Troyes, 1 fr. 25 cent.; et, adressés franco par la poste, 1 fr. 50 cent.

[illegible] devant durer de 2 à 3 ans, en raison de l'importance des ménages, se vendent, à Troyes, 4 fr.; et, adressés franco [illegible]

[illegible] durer de 3 à 5 ans, se vendent, à Troyes, 6 fr.; et, par la poste, 7 fr.

BAUDOT